林祖藻 主編

明清科考墨卷集

第三十九冊

卷一一六
卷一一七
卷一一八
卷一一九

蘭臺出版社

第三十九冊　卷一一六

教者必以正

教子無兩途惟出于正之一術而已夫教以道尊故舍正則無以也又何暇爲其子地哉且父之于子也情恒餘于愛而師之于弟也理每在于尊匪事之不相兼也若夫以嚴父而兼嚴師之責則其愛之之情又有限于理之不得伸者如君子之教子何以勢不行亦以教者必有所以耳令夫君子之教人也詩書以端其趨禮樂以定其志孝弟忠信以示之準俾天下之智者愚者咸入于至正之途而纖悉偶岐即無容其置足之所幾微有過即無容其怙過之端若是乎其必以正也教人且然況其于乎正以立心則必有以閑其動心

起城

青陽說
深有情
犹快

忍性之端此教者之所必以也不然何以正其內正以制行則必蕩
毋蹈于蕩檢踰閑之地此教者之所必以也不然何以正其外事有
關于倫常敍然秉正以策之閑也而亦不必于其大也嗜慾偶開必
督之以防其漸嚬笑戒苟必責之以絕其萌非苛責也實以盡其教
之道焉外事雖掩于耳目確然持正以督之固也而亦不必于其顯
也寢食燕之地從容與責備方深旦夕追侍之間剴切攺指陳更
甚非過嚴也實以慰其教之心焉耳如使其不以正也將見行軼道
外流入于不肖之歸而貽父母之羞辱矣教者所以柔九迴而篋之
焉惟出于一途如使其不以正也將見行居人下難希于聖賢之域

莫貽父母之令名矣。教者所以情專壹而斷之乎不容于兩可。人莫不私其子。故教人。或有遠。縱之情。而教之。斷無不盡之訓。人莫不愛其子。乃教之。猶思曲成其美。況教子豈忍反納於邪。至于以正不行。而教者之心。不忍言者矣。

全從反字着筆上文勢不行句來脈甚真

下文清甚亦不映句題

執圭

王鳳翥

有所藉以通信者、可觀聖人之執矣、夫圭以通信、固為使者固執也、而夫子之執、原有異焉者、故誌之、且我周之始興也、圭瓚膺賜說者謂受命之符、早於一圭、兆其瑞矣、顧王朝有符瑞之徵、列服豈無通好之藉、大聖人負圭璋之德、膺聘使之班、其奉主器以將事者、吾黨正樂觀其會焉、粤稽先王封建懿戚、分寶玉于伯叔之國、時膺展親、若曰余嘉乃勳、謂篤不忘、錫爾介圭、無廢朕命、則國之有圭、曲至隆也、恩至渥也、其所由來舊矣、獨是圭之為用不同矣、將用之巡狩與、則天子當陽、諸侯用命、輯瑞所必執也、將用之朝覲與則數奏以言明試以功來庭所必執也而至于兩君結好匪以兵戎而以玉帛歲時聘問惟是一介行李往來其間問誰是執惟大夫實膺厥任云顧吾聞之圭之制不同名亦各異元圭是錫禹之告功也削桐爲圭晉之始啟也公則桓而伯則躬子曰穀而男曰蒲魯侯國也厥惟信圭吾子從大夫後一旦膺行人之選豈敢舍我槷器漫無執持以爲通信之資哉且夫人之所執亦各殊耳古者主賓相見則必有贄卿執羔矣大夫執鴈矣士執雉矣庶人執鶩矣孰不奉儀以相將而我獨以圭名者君命使臣曰以也歲之不時民之不易寡人須老索敝賦來會時事則國家多難

是以不獲命令下臣來繼好不腆先君之敝器致諸執事以為瑞節要結好命則此一執也天威不違顏咫尺余小臣敢隕越于下以貽寡君羞耶故方其受圭于本國也張拱端好儼挾威福以偕臨豈至同于成子之受脤邾君之執玉及其納圭于鄰君也肅慎嚴恭不啻聲靈之有赫詎至等于郤至之出走林父之登階雖然為聘使者疇不執君之圭特恐奉持之下息忽之意易生玩褻之形遂溢則舉趾高心不固矣進觀于夫子何其周旋之中禮也

達之天下也

天下皆仁義之人孩提所以知愛敬也夫天未嘗不以仁義與天下則天下何非仁義之人乎觀孩提之愛敬不益已知達之天下乎且自皇降之初乾坤無独厚于一人而有生以後聖狂始有逈異之殊則推之天下似非所能遍睨于仁義也而吾獨觀夫愛敬之心不遺于童穉之初而益以知仁義不遺之心不遠于天下也如親親敬長之仁義夫豈一人之私哉使出于一人之私則此之所有必彼之所無將欲遐陬避壤無同異之殊恐有阻之而難行之勢抑出于一人之私則前者之所遏必後者之所昧將欲繼往開來無斬

絶之慮恐有陷溺而不達之憂然吾覌于愛親敬長之仁義而不越哉蓋其達之天下也論天下之大似亦不一其倫也智愚賢否未嘗不雜處于儔類之中而歆肯之以仁義則似乎智者能愚者未之愚乎者未之能也賢者能否者未必能也然此特泊汨於後起之所為而未必得其初之所達果也如其達之初無智愚無賢否舉凡在覆之載中而無不安〻然得之矣抑天下之大似亦不一其時也古今聖凡何日不混淆于〻前後之際而責之以仁義則倘或前者知之後者未之知也聖者知之凡者未必知也然此特染於習俗之所污而非由其故之所達也若使其故之所達無前

達天德者

程之銘 式法

因至誠而思達天德之人，以其人亦一聖也。夫達天德，則其人聖人矣，而必聰明聖知，乃足與于此也，非然，而其人豈易言乎。中庸謂至誠之德，天德也。德足于身，則自誠而明，固無纖微之不悉矣。使當至誠之世，而更求一識足幾此者，蓋幾幾難言之意者，其固聰明聖知其人乎。

句合渾成

聰無不聞，明無不見，其禀氣于天者，早擅夫至清至粹之質，而維皇之賦予，不言而識于心。聖無不通，知無不知，其合德于天者，又具有何思何慮之體，而性命之精微，默契而盡其

疑句兩上相連須以一氣運出

攄清反面

分于是，不徒謂之聰明聖知，而且謂之達天德者，而苟不其然，形生

神發之初天德未嘗少虧豈其得天既久而茫然于其所自承然第追而溯之以爲此生而同有天德者則可而欲舉窮神通化之詣鄭重而屬于身則亦思其聰明安在聖知安在而爲是不虞之譽也即繼善成性以來天德亦時流露豈其天心可復而不足闡夫一隅然第槩而論之以爲此非全無見于天德者則可而欲舉原始要終之識決擇而歸于其人則試令自忖其聰明若何聖知若何而來此過情之目也天下聖神之業總不出天德之外以吾所言至誠盡性至命何非天德自有之能事而更得一達天德者于此耳目心思無所不及則其人自處已優于聖域矣非然者耳

目猶是心思猶是即不謂習焉罔覺而入聖未優將泛置之別聲被色之倫而皆得引爲吾耦天下生安之詣方歉于天德之中以吾所思至誠絕類離倫不過充滿天德之分量而更得一達天德者表裏精粗無所不徹則自視固同此反身之樂矣非然者表裏其在精粗具在即當其冥其心探索而反身未誠將概置之希聖希天之列而亦歉焉其難勝如是而欲其知至誠者其孰能之甚矣至誠之道不易知亦不易能也

舊說聰明聖知即上章聰明睿知屬生知天德即上章仁義禮智之德屬安行不知達字即從聰明聖知處說貫下知字去截

不得兩項也朱子二十章註云生知安行者知也前顧舜之大知後顧至聖之仁義禮智總從聰明睿知出其義甚精讀此文而知〻其解着旦暮遇之也故理精則法自得任翼聖正反都綰上七而下意亦隱〻襯入翼聖評雖不必盡與牽傺要于本節語脉自是道得融文之得手應心恰相爲脗合也以截上爲承上就正面還反面慘淡經營緜〻入扣理極精法極密故曰法自理生若但講法即成死法矣

惡果敢而窒者　張光豸

才有不足以任事者君子之所深惡也夫果敢則其才有為矣亦何惡之有君子之惡其果敢也惡其窒耳嘗謂任天下之事者存乎才濟天下之事者存乎識識與才兼而事乃濟矣若有才而無識則心為事蔽蔽以心殉事反以身殉事卒之功不歸于一己而害已及于天下此有識之士不能不嘆息痛恨于斯人也君子所以深惡在稱惡訕上無禮也猶有與勇為類如果敢者尚委靡之不足以集事也君子亦嘗慨然曰安得一果者出而為之決斷乎迨果者猶不足以集事也　為可議矣自拘牽者之適足以僨事也君子亦嘗奮然曰安得一敢者起而為之振作乎迨敢者猶見其僨事也

則其敵不足多矣何也以其量也血氣之來也即豪傑自命者猶赧躊躇焉謂是非之宜辨也乃徒負果敢者則笑其迂矣達權通變之理不深存于平日而冒昧以前止逞一時之意見彼君曰成天下事者非我莫當也君子則曰敗天下事者舍彼其誰也師心自用之流君子所感憤不平者矣經務之來也雖英雄自命者尚須商榷焉謂利害之當審也乃徒以果敢者則譏其拙矣揆勢度務之宜不畢語於居恒而任性以往莽快一己之謀為彼君曰為人所不為吾可以治天下也君子則曰為人所不為彼適以亂天下也行僻言堅之輩君子所歎焉必反者矣以是人而操國政則必鄙往朝之制度不足憑視祖宗之規矩不足法而日以紛更為事矣夫慷慨而謀經濟豪

觀者或賑其有以古子則病其幾宜未害早知其禍之不旋踵也
故以其偏執之性勢必遺害于社稷朝廷而莫可挽以是人　習詩
書則必叛一承之私說蔑千聖之法言而竟以斯道自任矣夫奮迅
而談仁義不下者或欽其敢見而君子則疾其理道未明逆料其害
之雖肥言以丑其周愎之情勢必流毒于世道人心而不可救盖
果敢者有才者也才而加之以學則事機必能自有度務虛之間
抑有質者也質而得之以養則理義必明斷無輕肆妄作之情果以
而如是也則君子不之惡矣孰意果敢者之不然也

莫見乎隱　二句　　章上奏

理莫著於其幾體道者當知之也蓋知其隱微則顯見莫有過也不明於顯見求之道復何在而體道者之功將安施甚矣道之不可須臾離也而尤有不可離（陡起波妙）道之須臾學者能體乎此過此以往有須臾不離者矣不能體乎此過此以往求為不離而已失此須臾矣要難為不戒慎恐懼者道也（是從上節抽出語文精若為分明）惟是戒慎乎其所不睹恐懼乎其所不聞於所不睹於所不聞而生其心則見有隱見有隱而以隱盡之哉一事有兩形也愚者觀其外智者窮其內豈不以內隱而外見也顧觀外者不能測其內之何所存而窮乎內即外之情（就理上說是程子意即註化）

狀萬變未有踰此者也則孰隱而孰見也蓋天下見莫見於善惡之幾有善惡之幾因而有善惡之形夫既形爲善惡善見而惡隱矣惡見而善隱矣形見而幾隱矣是徒授其權於猶視者吾則隤然善惡爾復何知故見莫見乎未有善惡之形而第有其幾吾乃得旁皇周矚以審其善惡之所之過此以往有未之或知者於所不睹於所不聞而接於事則知有微知有微而於微盡之哉一理有兩情也愚者數其終智者燭其始豈不以終顯而始微也顧數其終者必不能知其始之何所自而燭其始其終之變動萬端皆可逆數者也則孰顯而孰微也蓋天下顯莫顯於是非之介有是

非之介因而分是非之勢夫是非之勢既成是顯而非不及見矣非顯而是不可蒙矣勢成而介不能辨矣是將移其鑒於聽觀者任其是非乎我爾我何爲故顯莫顯乎未有是非之勢而第有其介吾乃得清明閒暇以別其是非之所形過此（慎字可具接）以往有幾非在我者所謂尤不可離之須臾惟須臾不離道者知之也夫既知之惡得不慎

隱微見顯程子在理上說呂游楊氏在心上說註中兼兩說義最完備此作前半就程子意闡發後半歸到心上寫獨知意尤透一往清辨如與萎君卿一輩人語 顧倫 九

前評條析極清楼章句義旨歸重己獨知之上故朱子以為程子不若二家之密篇内洗發致為融洽和分明其得手尤在紫拖既嘗戒懼方能實見得莫見莫顯眞際一在用三山潘氏說將見顯翻轉看兩莫字乃直透重闗沉心毅力導竅通關更不作一字游光掠影

莫我知也夫

吳陳琰

有實可與人知者、而先以莫知自嘆也、蓋夫子非絕人以不知、而人自不我知也、此殆啓其端而未發其旨歟、且夫人生平有迫欲告人之隱不肯一一舉以告人所恃有人焉相與發其所未發斯亦樂矣而乃悠悠斯世既不足與言而可與言者又未必盡悉其故則惟有憮然獨會焉而

今世之皇皇焉有所求而又孜孜焉如不克遂所求者知也而我之所謂知則又不同時命之窮無非僥倖遇合者之所為一日不見知焉而此心惘然一日忽見知焉而此心快然矣我生之自待良不薄也而類此耶名譽之途亦止

純盜虛聲者之所托舉世未獲知焉而吾意歉然舉世有知有未知焉而吾意猶不釋然矣我躬之閱歷別有故也而驚此聊我盖自有真我也則我亦自有真知也而今而後乃信人之莫我知也我其敢借知希我貴之說自文也哉夫我苟可貴不可棄乎人知希假令有窺我之隱微者出焉方將引為同心而賞奇晰疑之不暇而安見我之不貴也無如索居寡偶儔一同心之友而已寥寥矣雖宇宙之大豈遂云知己無人而我自得我彼自以為我知而我直以為莫知也已矣我其敢援遯世不知之人以自高也哉夫我終不知又何難乎遯世萬一有叩我之素抱者來矣方[illegible]

稱莫逆而磨礲攻錯之不遑而安必遯世而自棄也其如解人、、易得一相視莫逆者而竟落落矣縱交遊之衆未可謂知音絕也而我與我相周旋彼即目我為可知而我究不能真許為既知也已矣況我原未嘗汲汲有欲知之心也一有欲知而我之所遺者多矣我盖自馳驅列國以來毋論忌我有人沮我有人總無與予我知之數政恐几席之近扶驚疑而不達其所以然而我太孤耳將欲俟諸來哲而又非我之初志也其可聽推移于人也哉且我亦未始有予人以相知之術也予以相知而我之自知者抑又非矣我盖自設教宗邦以後毋論測我于淺者索我於深者槩難得此我知之侶政恐相習之久漫為遵奉而罔識其所由來而我不滋懼乎將欲喻于無言而又非我之所安也果可終泯滅于吾徒哉亦惟以莫知一嘆徐俟之可乎

胸中了了不能形之云云故能出語以發子貢之問筆墨淡遠想自
然生動至神至若其用之之妙於虛詞之鬆妙處亦宜推勝
場文也

莫春者

言志於莫春之時則即時以見志也夫人皆在莫春中而點獨有志焉謂莫春即點之知已也可若曰甚哉時之难得也乘時而興嗟于過隙失時而虛度其寸陰寂寂者不幾令春光咲人乎點思今日者鳴鳩布穀方有事于西疇戴勝降桑遵微行於陌上春聿云莫點因有志矣至若天地之化點不能使春之留而不去祇幸春之去而留是天地若存此不盡之春以供吾人之遊意當前求之即是矣往来者太虛之數時有四而春居先春惟三而莫爲後是太虛徧遲此將盡之春以任斯人之遊懷隨在

樂之有餘矣點之一身不知閱歷幾莫春大約已往者難追目前者有念而遲遲之春日即是閒中之歲月點之一身又不知尚餘幾莫春大約未來者不計當境者可思而依依暮景只爭一刻之　嗟嗟流光易逝夙願難期懷良辰以独往恨晨光之熹微人生行樂耳須富貴以何日點此服春服偕春侶遨遊于春山之麓春水之湄作春歌互答以酬此莫春乎而

莫春者春　七句　一名　王元勳

就莫春以言志、隨所過而皆不負乎春焉、夫春服可服、童冠可偕、風浴詠歸可樂、皆莫春中事也、點也言念莫春、興懷獨遠、亦何負于春哉、想其因夫子亦各言其志之誘而自鳴其異曰、一往而不便

有躍躍然自適之意

逢者時也、隨在而堪取者境也、因乎時之所值、應乎境之所宜而相偕、同人共樂時事、此則造物者之無盡藏、而亦有志之士亟相賞也、是故點今者仰觀大化、俯察庶彙、而因不禁有感于莫春焉、氣機之流行、更四序以迭為之運、而當夫春、則律應東方、萬象之向榮丕變者、咸有由滯得舒之精、春光之和煦、歷三月以遞爲之

增而至于莫則晨維上巳君子之隨時適志者且有境過仍留之感于斯際也人無論少壯俱遊化日之中地無論遠邇共呈景色之麗點也洄合既不可必當此維莫之春抑又何求哉一爰有春服感此春而成者薄言服之而襟帶之間飄然適體矣一爰有童冠與點同在春日者群焉與偕而肩隨之際陶然忘年矣而且涉乎水之涯而且履乎林之藪浴焉風焉隨地不皆春與而且載歌夫高山流水之曲而且興適于以詠以遊之餘詠焉歸焉而隨意不皆春與一則有謂莫春之獨私于點者而非也從來大化之翔、毋任人之取攜點惟順天之時無所擇于人無所擇于地亦猶是人人共對之居諸而共覺當前之晤對偏新遂忘時序之循環如故則有謂點之獨契于莫春者亦非也從來人事之動作每因時化為轉移點惟適己之志不以人之仰而遺不以地之習而忽亦猶是（隱然有老安少怀景象）人人意中之景物而頓忘異日之勳名可慕殊覺目前之旨趣獨親故曰異也

一堂言志獨舉莫春不是徒玩物華可知然竟明說天理流行竟逗民胞物與不免漏洩春光節點口中豈有此自己表白理耶命意敷辭此際為難元作只就境地抒寫露出隨時自適意既不漫作一幅遊春記亦絕不於山水間忘談道學最為得宜

文情淡遠。文氣靜穆。卓然元品。

惜乎夫子之說

陳謨

惜大夫之說若為大夫之惜也蓋言出斯為成說矣子貢以為出自夫子也故先惜之曰有是哉居斯世者之不忍默默也而寧知不忍默默者之未易見諒於人也豈惟人莫之諒正恐能諒其意者之未能慊然於其言也存質去文此言竟出諸夫子噫夫子而乃有是言哉賜知夫子非無見也第有所見而蓄諸夫子之胸人尚無從逆探其隱而遽指為夫子之見然也賜知夫子必有為也第有所為而未脫夫子之口賜亦無從懸擬其情而漫信為夫子之云然也夫夫子而乃有是言哉惜乎夫子不少酌於未言之先乃持力抵狂瀾之念

而驟為是說惜乎夫子未熟審於欲言之候乃欲頓矯末流之弊而竟有是說夫凡有心之人必不作無心之語而於是有一語遂成一（頓[illegible]字）說〻以人重則人之不輕有其說可知乃無端而發一說焉出者不（神已注下）覺而聞者已驚〻夫此說何來殆聞諸夫子也則甚惜夫子之創有（飛動）此說也大凡有心之言亦輒動有心之聽而於是聞一言又輒成一（如何之樹隨力改味）說〻必有據則說之係乎其人可知乃有意而發一說焉未使人信而先使人疑〻夫夫子何如人胡然有是說也則殊惜此說之發於（接筆妙）夫子也幸今日賜獨聞之耳而已切能諒此說也入於耳而微拂於（轉筆旋）心即賜亦不敢曲阿夫子之意而謬託於莫逆之契故非不滿夫子

而實有未滿斯說者不覺失聲於晤對之餘意夫子僅與賜商之耳而
（彩聲字亦出　深入無淺語）
而已不勝訝此說也違於心而遂逆於耳維賜亦默會夫子之心而
愈無解於一辭之激祇令其愛夫子而如有莫伸予愛者、與歟、
於面質之下在夫子惜而為此說賜惜之不能不為夫子平情審之
恐夫子偏而持此說賜惜之尤不敢不為夫子正言決之夫子之說
君子也其如失言何

似往已迴欲茹還吐直使端木氏當年神吻紙上如聞　郭曉升

惜乎直注末句而說字縮住下尚有君子一折稍不合於此局全輸矣文獨澄心渺慮手揮目送神妙欲到秋毫巔　王巨川

惟求則非邦 二節　　張江

必高其志于非邦。聖心又不若是恝矣。蓋求亦為邦、點何待予言者、意正欲得其為邦耳。所邑夫子之心哉。今天下無邦以矣。而士君子當蕭然無與之日。輒懷慨而發深情。生民之不絕。邑不穎有如哉。論者謂大道之懷。不容纖介。要使生平行如其言。此亦有難自己者。則為邦之志。未始非用我之思也。何哉。點頗以哂由為國之言而發疑求且並疑赤哉。蓋點狂者也。其視三子之志在為邦。真若不足輕者。天下本一家。何介介於而必生此疆爾界之迹。曰方六七十。又曰如五六七也。日求皆天。則何禁禁於而必假故與其大之壹下與之干。

宗廟則擬之于會同也非邪一間意固深遠乎而徒詳其往而不知
所載可今天民物尊親之屬日依細于有心之夢寐而不能去懷而
邦國朝廟之間祛慮憤于時事之見聞而末由藉手為間點當此時
畫疆而理者皆邦也而誰如求所稱大宗伯大行人相與從事于
諸侯者亦莫非邦之而誰如赤子若曰安得求也而果有邦哉如其
言而怨咨可以不生夭癘可以不作此孰非老安少懷友之待吾飾
者亦固其生成之願也已又安得赤也而果有邦哉如其言而教
亦多以凝保知亦其以此孰非黃農虞夏之入吾懷者亦條理
天下參之所也已蓋人世願望之虛自實者嶶之而皆有其可振之

人人各試一爲邦之能天地萬物不統若當前乎規模何定爲則神有至有不至耳人世鬱之積自公者觀仍各得其大意必人人共挾一非邦之見天地萬物何居是繆固乎懷抱寧撰焉自感觸有乃有不及耳不及者更固而遲遲矣期月三年之明效而歷歷告人矣如有用我者惟子則非邦也歟與求赤也即與由也而與點之故又從此可徵會云

幽異曠渺別一洞天

楊取遠先生

第三十九冊　卷一一六

晨門曰

汪嘉濟

於晨門之言、殆守其職而已、夫職在晨門、則與宿者言、亦常耳、第詢及子路、必有異焉耳者、故誌之、昔聖門弟子從遊列國、所識關津之吏甚多。而其言之令人弗忘者。儀之封人其一也。（天然陪客）自後子路宿於石門。又有晨門可異焉。入春秋來。齊鄭盟於石門。石門齊地也。或曰非也。子路所宿。蓋魯外郭之南門。余姑弗深考。第思行李所經。必多往來之客。昏朝有警。宜嚴啟閉之司。（虛接晨門一層）其職之以晨著也。殆古者監門之遺意歟。（業接來脈）獨是子路於此。偶焉稅駕。非有嚋昔之相知。暫爾停驂。未免終宵之寥落。（挑起留字一層）有客宿宿。將抑鬱而誰與語也。然正惟無可與語而偶觸於耳不禁動於中則晨門之言有不容忽者且晨門何如人哉春秋之世聖伏聖徂一二賢人君子類皆心憂靡騁以自處於不潛不見之閒彼門焉者將託此以終老耶夫不置身於辨色之朝而乃守官於向晦之野其夙見夫星霜之莫補而深悲夫道里之多艱也當必有感慨而言欲歔欲絕者矣然而斯時正不必言之深也官卑則稷契不能康庶績封人縱蒿目時艱夫寧向萍蹤適合之人執裾而謀越俎方宵漏之將傳而片詞欲達此下吏之風所素矣於鈴柝之閒者乎職小則賢豪不屑與周旋子路縱憂虞見色恐難從倉卒泣止之際抵掌而當班荊困征車之暫駐而欲口陳辭此風塵之耳所

熟。闈。於。跋。履。之。餘。者。乎。噫、重門擊柝。雖分勞於司寇之官。而譏察非常。耶自同於野廬之掌。此即姓氏不傳。亦復何關輕重。乃自知爲孔氏。而竟以言定厥生平。遂使後之論古者、、謂晨門知人與封人知天。俱足令人繫思弗置云。

未嘗不照注節末却只就題景有之唱嘆不疾不徐亦近遠若急搶則無味矣

晨門曰　汪嘉濟

晨門曰奚自

陳祖范

詢賢者之所自舉其職也夫寧有過其門而無人問焉者乎奚自之問在晨門自宜然耳今夫學術必原其所自出而行旅必識其所自來夫而後可以辨奇衺詰奸慝使出入是門者無非遵路之民也蓋由來尚矣石門齊地昔齊鄭之君持盟於是焉固南北往來孔道也當有人焉掌其門之管謹啓閉而禁宵行所謂晨門者也子路宿焉意者其奉夫子命自魯適齊歟而晨門以奚自請斯言也其在將宿之際耶則是重門擊柝時也計一日之中或負或乘而出此關者不知凡幾莫不及宵漏之未下而兼程赴之客何獨暮也其焉瘖耶其

道之云遠耶自何方來而濡遲至此斯言也其在將行之頃耶則是詰朝相見時也計此日之內載馳載驅而過於斯者不知凡幾莫不覩晨光之熹微而緩轡待之子何獨早也其奔命耶其往役耶其客寢不安耶適從何來而遽出於此風塵擾擾我方息駕於斯客且膏車而往前途正未有艾也我為識其所終極哉而往不可必來有可追子盡語我天下滔滔我已懸車於日暮子方發軫於崇朝此去正未可知也即子亦爲自識所托足哉而去即無方來有定所為吾言之嘻侵晨有客得毋致慼於雞鳴聚犢無儀能勿誰何之致問此亦抱關之常也獨異其知不可為而為之一語一似身居孔氏之門而

深知其心者耳。惜乎不傳其名也。

明清科考墨卷集

第三十九冊　卷一一六

國有道其言足以興

俞荔　菓亭

言可達於用以論道決之也蓋君子之言有道之言也以有道之言遇有道之時其興不可決哉今夫國家之氣運與儒者之文章相為因應者也天生真儒苟將大其聲以鳴國家之盛則必予之以利見之時以作明良之合而儒者之英華遂發皇于宇宙之間而不能自掩也已吾因是以思君子之言夫君子自修凝以後則其言為何如言哉深知乎化育之撰而繼天立極已洩天地之秘藏微覩乎象通之原而經濟明已定生人之性命是其言之足以興豈[illegible]哉而待蓋君子有[illegible]理以無定[illegible]際

能○
摧々、之々時之既逝而道無終々改○為○行○下○
能○退而佚，八之○野○我御有道之世○真元之會合○適深甘々々上
方乘衣裳之出治○則凡府事修和○度汲文學之儒○所得與其選○乃
一聞君子之言○覺溫○醲○之○深○厚○者○皆○以○抒○其○德○性○之○底○蘊○焉○平○天○成○
地○之○功○含○君○子○將○誰○屬○哉○則君子之言○炎○之○乎○直○等○諸○敘○疇○盡○卦○畫○
判○古○于○不○可○刊○焉○耳○人事之經綸○適當其會○在上者方啟明堂之訪
道○則凡議禮制度○慶作詞章之士○所能參其際也○乃一聞君子之言○
覺○講○明○而○切○究○者○皆○以○暢○其○學○問○之○條○貫○焉○因○草○損○益○之○衣○含○君○子○
幾○誰○任○與○則君子之言○煌○煌○乎○直○同○諸○姬○禮○周○官○定○章○程○于○不○可○改○

焉耳然而君子非必殷殷焉以言見也國運光昌之日山川草木皆呈盛世之光華於即物索無憑猶發明主之夢而況吐辭為經不啻如日月江河燦然經紀于天地固無待師錫而已聞韺逮而後試之而豈必常存豫期之心而君子又非漠漠焉不以言見也朝野清明之日士氣人心已無纖微之湮鬱故雖芻蕘一得猶應鞀鐸之求而況聲即為律不啻如金聲玉聲振喤然鼓吹于休明固將發一世之蒙而極先民之覺也而豈必不懷自奮之心故當時遵其訓愈致有道之長萬

讀其書可佐太平之治君子之言其足興于有道之言也

風華高老擲地金聲

問一得三

自矜其所得者無異而若有異焉夫因問而有得亦常耳亢之以問一得三喜也得毋以不異者為異歟若曰吾人一堂辨論之際政無窮所自出也而惟善悟者能引伸而得之故有意中之所期適投以意外之所獲者有意外之所獲反過于意中之所期者告者或不知而領者則私自幸矣如亢于今日雖有喜焉以亢之待夫子者有年矣孰意夫子之詔我者猶淺而鯉之詔我者獨深也非深也其有盡者言中其無盡者言外也即同堂之辨難也亦久矣孰意同堂之廸我者有限而鯉之廸我者無涯也非無涯也淇所言者不多而吾之

會之者若多也亢幸矣以鯉之所聞合于亢之所得蓋問一而得三
矣嘗亢之舉一以問也亢未知其爲然乎爲不然也則問一且不得
一何有于三迨聞乎鯉之言而亢益矣并繹乎鯉之所不言而亢又
益矣亢實問一而未暇求其一鯉實未嘗言三而已有其三不知何
以有若是之引伸也且亢之舉一以問也亦謂其將我吝乎或未吝
也則問一亦止得一何有于三迨通乎鯉之說而亢進矣亢不敢不
之未至所而亢愈進矣亢不敢遂求其一而今且不止于一鯉未嘗
明告以三而今且有見于三不知何以有若是之領獲也吾黨有聞
一知三者試以亢衡焉則彼不得矜我以一而我直將屈彼以三何

也。彼揣測于一之中。我念通于二之外也。向亦謂如是以問之。能如是以得之。其故適相酧耳。何幸而問之甚約者。竟得之甚奢也。抑有舉一反三者矣。試以亢列焉。則彼不得限我以一。而吾且得傲彼以三。何也、即一以見三者易。離一以悟三者難也。向亦謂多端以問之。而未必多端以得之。其數僅相半耳。何幸而問之至簡者。竟得之至豐也。亢幸矣。今而後鯉之聞無異。而亢之聞竊有異矣。

題意重得二而得三之實。尚在下文。只得寫一段自喜。善悟之志恍恍覷着遠其子。句盡情挑剔無筆不活。

問一得三

動乎四體

王杰

即四體以觀誠有動於不覺者焉夫動者四體而動乎四體者即誠也則觀於其所以動四體豈能自覺哉且自吉凶悔吝生乎動而知宇宙之間無往非動幾也乃又有動而無動者旋轉於人之一身以使乎其所莫遁蓋志與氣交而得失以判即氣隨理運而淑慝斯分不得謂其所憑依乃其所自為矣試論之妖祥啓化工之奮而遠者不如適者之可憑故觀物不親於觀我而心疑形釋正可即貌言視聽以微窺休咎之原蓍龜洩於穆之精而虛者不如實者之足據故鬼謀必兼以人謀而官止神行并可因俯仰疾徐

以曲寫揣高卑之朕吾於是得更徵之四體焉第言夫四體之恆或視為天地委形或奉為威儀定命幾難以等量而觀惟由常以周乎其變而一事之修悖妍媸亦不見而章第觀於四體之迹彼固自安其作息此亦止任厥弛張奚弗可相提而論惟由粗以究乎其精而一念之危微真妄已不言而喻若是者以云動也以有動乎四體者在也生人皆血肉之軀斷難外陰陽變合之神可以自司其鼓盪是故思若啓而行若翼日用所閑猶淺也乃有時天誘其衷而君則遇災而懼臣則希寵而驚修省恕彰於舞蹈有時神奪其鑒而富則履滿而驕貴則居高而肆怠荒早露於儀容此其

莫為而為者。局中殆不及覺矣。而當端倪甫動之時。夫固孰從而牖之。官骸本冥頑之器。一宰以維皇陰隲之柄。而乃自妙於推移。是故進或抑之。而退或揚。耳目之前。其細也。乃有時庸愚覺悟偶萌。則日拙者。即未必日休。已若觧其懸。而導以惠迪之路。有時賢哲。須臾不檢。則作德者。未嘗作偽。亦得乘其懈。而竊夫奉若之權。此其莫致而致者。事後靡不恍然矣。而當機緘乍動之倏。抑又孰從而秘之。且以上聖之四體而論。則觀其邈焉寡儔。宜無藉彼蒼之降鑒。而豈知神完守固。始不惜烈風雷雨迭出以試其艱貞。復何疑協帝之華。弗爍著於木石與居鹿豕與遊之日。抑以異端之四體而言。則觀其嗒焉若喪。似無關造物之吹噓。而不知槁木死灰。亦嘗令順隱肩高無故。而形其幻妄。豈竟同恒化以後弗受鑄於成然而寐遽然然而覺之中。君子於此可以知誠矣。

色孚宏深不減正嘉人風格　朱銀乖

以誠字作骨為前知起案兼習黃貞父陳大士勝場　龔欣書

得天下英才而教育之

且天之生於也不能不委其權於君子何則氣之高明有必裁就而萬質之果銳者必賴培養而成惟君子以天生才之心為心故舉宇內之英姿而發無一不在陶鎔之中此其教思無疆而化之所被者為已廣矣旨哉孟子所云君子有三樂而終之以得天下英才而教育之請申為論今夫才而繫之以天下則非一鄉一國之才而天下之才矣且天下才而繫之以英則非已用已竭之才而方盛之才矣雖然天下之英才固未易得而非有教育之則亦不可何則英者物之雛也雛苟宜受之以壯苟失其教育之道則英

氣不存而有隤之濡英者物之華也華者寔之以實苟失其教
育之方則英氣易露而有摧折之憂君子曰幸也吾得而教育之
世道之責舍斯英才以勝之教而行之以育則世道有所寄吾道
之維正藉英才以植之育以曲成其教則吾道有傳人於是順其
才而長養之勿逆其才而撓屈之誘掖獎勸所以老其才者無弗
周於是因其才而裁成之勿逆其才而傷害之優游漸漬所以練其
才者無不至負高明之氣而得化裁之方此何異物沾時雨忽而
潤遂忽而息秉剛健之質而得涵養之功此何殊物之被和氣一
日生遂一日於一夫如是成己而能成物脩身而能治人斯道川巽

在一堂。而宗仰可及後世。倡和者不一家。紹明者不一日。君以顧
而樂之。又當何如哉。

從我於陳　所也

章懋

聖人於與難之賢而深致其思焉夫陳蔡諸賢夫子不能忘情者思之不見其奈之何哉意以師友相依之誼本不忍一日而忘而人情之所最不忍離者則常與共患難之人也方余講學於洙泗之濱二三之從吾學者固吾思也及余受厄于陳蔡之間二三之從吾厄者尤吾念也使其人而皆及門歟吾固怡然遠矣使其人而一不及門歟吾猶慨然思矣乃今陳蔡之事往矣陳蔡之人皆與之俱往焉試觀吾門其有從容于几席間者果何人也而我蓋不勝離群之悲耳陳蔡之事遠矣陳蔡之人皆與之俱遠焉試觀吾門其有周旋于誦讀間者果伊誰也而我蓋不勝其索居之歎耳昔也與彼同其憂今也不與

彼同其樂即欲見焉付之神交而已矣此其於今昔之感何如而況二三子者皆天下之士哉昔也與我同其勞今也不與我同其逸即欲晤焉付之想像而已矣此其於聚散之慨何如而況二三子者皆吾門之選哉蓋二三子之於我也情雖親而勢則遠我之於二三子也勢雖阻而情益愴然則今雖無陳蔡之厄也曾不若陳蔡之時猶得與二三子逹也已

讀

車學院科入莆田 陳時行
縣學第三名

祭如在 二章

聖人有祭而無媚盡人以合天也夫祭人道也非誠則有歉于人亦天道也非理則有戾于天聖人所以有祭而無媚之且祭所以通幽明也而必本于誠然誠存于心亦惟自存而心斯存祭所以統尊卑也而必順于理然理本于天亦惟人直而天不悖如此可以言祭祭之為事偶于虛夫虛之中倘更有虛焉則凡筵俎豆幾為徒設聖人所以聯之以實祭之為義近于親夫親之中令私有親焉則祝史陳詞各有偉心聖人所以揆之以正不必奉祗事于上帝也即歲時之饗祀後乎有見愾乎有聞無非至誠之以之不適存仁孝于一心也

凡五祀之駿奔迎尸有序設饌有儀亦惟是天則之是遵而不然尚則為不祭矣非不奉牲以告也非不奉盛以告也而聖人曰是祭以迹而不祭以誠也而何有于祭先何有于祭神而不然者則為媚而已矣忽而徼福于彼也忽而乞靈于此也而聖人曰是祭以權而不祭以理也而何論于媚奥何論于媚竈鬼神之去人也遠遠則視之無形聽之無聲自有形以形之有聲以聲之直不啻形聲之可接焉曷不與祭是形與形且有隔聲與聲若不應也而謂我之精誠能與鬼神之精神相通乎故聖人有以合之凜昭事而親對越正不徒以備物告虔遂足以神仁人孝子之念鬼神之奉天也近近則曰天曰

氣象崢嶸是大家數

題句留至此處點之見手法

明昊天曰旦祀乎奥而天在即祀乎竈而天亦在誠不敢明昊之稍
離焉爲必媚奥媚竈是奥竊乎天之權即竈亦竊乎天之權也而以
我之罪戾不與鬼神之罪戾相半乎故聖人有以正之覆后土而對
皇天原未嘗以炎火有司遂足以操威福予奪之柄蓋聖人之孝敬
無不存故祭先祭神必極其如在之誠其自言曰吾不與祭如不祭
（不肖二章婦人）
千載下猶見其一天道之明威不可假故媚奥媚竈難逃其背理之
咎其對王孫賈曰不然獲罪於天無所禱也權奸革悉消其氣甚矣
聖人之祭存誠也順理也無非盡人以合天也

立局嚴整疏義正正不屑屑于章句句惟如時手提天字作主

而兩章題旨自爾融貫其各比接頭處亦到機流中間正發實理
微言尋味不盡非潛心于先正大家那能有此十分精到文亦撥
閱之餘喜而不寐非徒為其掇芹也　師方評左
且鬼神無以為存亦以人心之存亦為存亦鬼神無以為禍福以生
天之禍福為禍福知此者可與言祭　陳惕齋起講

庸言之謹

吳玉綸

言有必慎，不以庸而忽也。夫言以庸而忽之，將不庸而亦言矣。君子所由致謹耳。且自堯舜以中相授受，是道以言傳者，中也，而未及於庸也。後世好奇之士，離乎君臣父子兄弟朋友間，以逞其聰明材辯，索乎隱，即背乎中，背乎中即忽於庸，而遠於道。嗚呼，其亦未奉教於君子矣。君子豈獨庸德之行哉，吾人閱歷之境，由之則必知之，故修詞亦自多端，而地義天經，用詳其意，斯人習著之地，知之則必告之，故出口本無過則，而明倫序典，特凜於懷。蓋庸德之不明，責在君子，君子不得不言也。庸言之所及，被諸天下，言之

是君子明道分量

不得不謹也言之不切於理者無論已本庸德以爲言無不切理之言即無不可言之理猥云囊括无咎乎然以其切於理而易言之與切於理而難言之蓋踈密分爲矣君子知子臣弟友之理非言辭之所能罄若以理爲言不擇其理之切于己者而鄭重以出之則言浮而言之理亦浮何弗謹也言之不愜于心者無論已本庸行以立言無不愜心之言即無不可言之心豈必朕舌是捫乎然以其愜于心而後言之與愜于心而約言之蓋操縱分爲矣君子體子臣弟友之心非言語之所能傳若本心爲言不就其心之愜於人者而確當以示之則言言之心先躁何弗謹也豈無

知人論世必欲發潛而闡幽然[illegible]子慨然於人紀之艱而言亦彌艱也詩書之誦讀倫理之經權倫焉此其間有可言而義著言中未可深言而意存言外者所以為千古留綱常之蘊豈無出此入彼不禁大聲而疾呼然而君子惕然於人心之肆而言何能肆也學術之是非日用之深微焉此其中有言之而心擇其精長言之而非好為辯者所以為吾道嚴性命之文而君子謹言之心未已也

納入上句即歸摘通篇得題之根柢且篇定庸字發言字謹字自移置他處不得理境清真文体自昌明博大　陳伯思

商聞之矣

許宗渾

善箴文者仍借晶於師焉夫述師之言不忘本也司馬氏續未之前聞乎子夏曰事至萬難措置之時必有一道以自處古今來患[illegible]之事聖賢過而安之以平居未嘗不思之議之也以寡所學問之身而試之家國之際即安常處順猶不可況瑕疵乎子憂無兄弟耶洵也微子言商亦為子悲之顧天下有同一晏安而一人居之以達志一人居之以召亡未可謂安富尊榮之即為人慶也天下有同一艱險而一人經之為窘步一人履之為亨途未可謂憂讒畏譏之即為人病也子夏甚矣商即百言以為子解子終不自釋矣雖然商之言不足聽也商所聞之言則非商之言也所聞在商言或以商輕也所聽在言則商或以言

（入手緊切有味）（醒閒字意）（下能說出聞字）

重也既已遘此意中之厄而欲意外忘之雖子亦有所不能弟旁觀者（轉、出、開、）

（字、、真寫得淋漓入）

代為籌之而覺前此有人焉曾為痛哭曾為流涕則慨念哲人半為憂

患中人也古今來原無不可處之意境吾師早已知之矣既已不能無（加倍襯位）

事之時而欲無事化之雖窗亦有所難必乃善道者設身處之而知此

中有人焉共為呻吟共為浩歎則寤言永久並弟憂患中人也宇宙間

尤無不可通之神明聖人久已及此矣亦嘗匡坐鼓歌曠古今而評之（為開作觀波瀾史潤）

有弟如象商乎何以處此則謝不祇焉有兄如鮮商乎何以處此則謝

（呂云又擊林愓全人淨滌交集又妙留虛位）

不敢焉此果何事焉而可無術以通之乎迄今雖不能力行有獲而慨

兹懿之時往來予心也亦嘗侍立趨庭揆常變而詒之幸而怡怡則為

商賦棠棣焉不幸而交瘉則為商賦角弓焉尚有人言不為古人所譏（是）

商聞之矣　　許宗渾

善發友者，仍借昜于師焉。夫述師之言，不忘本也。司馬氏顧未之前聞乎？子夏曰：天下而俱在豫順中也，毋所見聖賢矣。事至萬難措置之時，必有一道以自處。古今來忠孝傷心之事，聖賢遇而安之，以平日未嘗不思之議之也。子憂亡兄弟耶，詢也！微子言，商亦為君父悲之。顧天下有同一晏安，而一人居之以達志，一人居之以尤，未可謂安富尊榮之即為人慶也。天下有同一艱險，而一人經之為窘步，一人履之為孝遜，未可謂憂讒畏譏之即為人言也。子夏之甚矣，商即百言以為子解，子終不自釋矣。雖然，局之言不足聽也商所聞之言則非商之言也亦聞在商商或以言輕也所聽在言則商或以言重也既已遣之意中之色而欲意外忘之也子亦有所不能第旁觀者代為驚之而覺前此有人焉曾為痛哭曾為流涕則慨念皆人半為憂患中人也古今來原無不可處之意境吾師蓋已知之矣既已不能無事之時而欲無事化之雖商亦有難必乃善道者設身處之而知此中有人焉共為呻吟共浩嘆則竊言永久并畀憂患中人也宇宙間尤無不可通之神明聖人久已及此矣亦嘗匡坐鼓歌曠古今而評之有弟如象商乎何以處此則謝不敏焉有兄如鮮商乎何以處此則謝不敏焉此果何

事而可為術以通之乎迄今雖不能力行有獲而惟茲懿音時往
來乎心也亦嘗侍立趨庭惓惓常變而咨之幸而怡怡則為商賦棠
棣焉不幸而交疏則為商賦角弓焉尚有何事不為古人所既道
乎在商雖誦言無說而示我周行猶怵怵于耳也蓋以商之愚以
子之智心固無所閑明乃以今之見以昔之聞理則有可持贈商
其設為吾友告乎

虛冒語出發於許丞寔之理止是見處高

孰為夫子

不識夫子之名、以其未聞有此稱也、夫所號為夫子者、亦及聞私自
稱之耳、豈丈人之所得聞哉、無怪其疑之甚矣、且夫名分別於尊卑、
稱號係於土俗、世之常也、故有未知其名而先識其人者、亦有先習
其名而徐得其人者、固不可以一端論矣、若我草野之中見聞不出
於隴畝、所與一二稼穡之士、問姓而名亦存、固其素也、芟柞之暇、往
來不越於田間、所與一二等夷之子、聞聲而人已習、又其俗也、豈見
有所為夫子者而在我鄉我里之內者耶、又豈有所為夫子者而出
我口入我耳之數數耶、夫人有貴為君公、賤為爾汝者、其人雖不能
以盡識、然此聲之稱於世也、固已在人意中矣、若所為夫子者、豈之

固不至於君公之稱賤之亦不至於爾汝之號意子輩之私相引重有所為夫子者何其未聞於我野人之耳也夫人有進則序其鄉里退則錄其姓氏者其人雖不能以必知然此輩之稱於世也固已厭人耳目矣若所為夫子者始聞之固疑鄉里之何居繼聞之又疑姓氏之何在意子輩之私相尊信有所為夫子者何其驟聞於我野人之前也今日擇一人焉而從之曰我夫子也明日擇一人焉而從之亦曰我夫子也是夫子之名無人可居而亦無人不可居也夫彼此之間稱謂互通即熟習者不能無疑而奈何以子之所求為我之所識子擇一人焉而事之固號為夫子也我擇一人焉而事之亦可號為夫子也是夫子之名可為自知而不可謂人所共曉也況同異

憫想而神傷乎。

切定篤信謹守。摘子貢之文章。故無一泛語套。句頓陳緊。而流有情風神綿約。秀倩宜人。追步長明。奚止具體。倪稚威

黃汝亨先生云。文之變也。如白雲變衆。令人目眩心挑而不忍釋者。是物也。作者太素不離。與覽者能得之牝牡驪黃之外者。其人異世不一見。

高文有高之道。卑文有卑之道。一貴鮮。貴爽。貴腴。貴潤。貴紆。折。貴琢。貴長短間。貴濃淡勻。貴伸縮合。貴增減。妙。貴淺。貴深。忌腐。忌俗。忌套。忌晦。以春蠶夏雲。天然百態。令人一勝之際。不能忘情。無雅與俗。是暑遇之多。此論最刻。小試。而此作鮮腴爽潤。雅琢而不失于板滯。天然而不入于濃俗。以擬長明。當未敢附和。然飾道之工。則正如粉香脂澤。出自天然高韻。信是風流也。

第三十九冊　卷一一六

孰為夫子　　李葉

以知者為不知，避世之寓詞也。蓋夫子為天下所共知，何獨為丈人所未識耶？此避世者之寓詞也。丈人若曰：我人躬耕隴畝，長為農夫以沒世，真所謂寡聞淺識之一無所知者也。況爾乎居所熟習之人，並非吾素中所相識之人，亦吾素中所欲見之人，并非吾目中所習睹之人，奈何倉卒相逢，懸懸諮詢乎？小子之來也，固有一夫子而來也，則子之問也，亦緣以為夫子而問也。知爾之謂夫子也迫矣，爾自有不容已之情，我自有不可植杖而緣之事。至爾之以為夫子，未嘗見其人，且未嘗聞其名也。知爾之待夫子也誠矣，爾自有少壯追隨之侶，我豈無朝夕唱酬之儔？若爾之以為夫子，從未入我之耳，又安經吾之目也。一爾與之相呼，人之常也；顧素所相與，則可以常聞之，讓不情勿怪爾以常聞之乎？孰者為逃名之夫，我知其在野；孰者為干祿之子，我知其在朝。之稱非野亦非朝也，而馳驅奔走之中，則有一爾之夫子在，而我則孰聞而知之外姓之相猜又情之變也顧一堂相習而未可易其姓氏以驗所言果此相遇反覆其姓氏則惡人知矣孰者為休聲之布我知其貴而云伊人孰者為辱人之知吾知矣而云之乎今稱夫子貴之抑賤之耶豈日暮途窮之際自有一爾之夫子在歟抑若而喻之且毋論子為何人夫子為爾之何人也第思我與爾之夫子既無邂逅之緣亦鮮聞聲之慕則夫子自為夫子我猶之乎自為吾吾耳子何以城市之奇稱擾我晨人之耳目也哉更何論夫子何人子為何為夫子之何人也第思吾與爾之夫子生平未有接手之歡旦夕並無訂交之雅則乖遇夫子而素不知世路夫子猶之夫子遇我而夫子不知為我已耳子何以甚隔之行略惝我野人之詳審也哉使我果真見夫子而不以告也豈惡乎顏然下問之懷使我而偽云夫子以疑子也詎可遽乎果爾之言子曷遂謝者亦之

曰夫那答相呼爾汝而已非惟不識夫子為何人並不識夫子為何

稱謂為二字索想以作態

善教得民心

許汝成

善教入人之深觀易而有悟矣夫民各挾其心者待善教者而予之宜乎得之易易矣君子嘗觀易而知之嘗思易以明為君而陰為民也建侯而賤從貴震以長男作之君也蒙作聖而下順巽以中男作之師也君師觀感之原在性情不在法制故習教可而曰心亨蒙正教法而回表而世淡洽國甚微矣使民畏者僅得民財而使民愛者何如哉今夫民之不輕予乎上以之極難得者民也惟此心而已矣乾之象著人作而萬物覩有教師天下之責而上九亢龍之悔其位至高而無民非無民也心不能得而強附之甚有民猶之無民也姤之象后以施命誥四方有教正天下之義而九四無魚之占其在至正而遠民非遠民也心不能得而凶咎之甚近民猶之遠民也則甚矣得民者貴得其心也而非善教豈能致此其教之善入乎民心也如澤之潤乎地下此其象為臨教思無窮蓋教而推本於思也為其有推心置腹之誠也蓋臨之為也以說以心為下下即以心為上兩相為則兩相得斯容保無疆而不覺入之深也其教之

善感乎民心也以風之行乎地也此其所以為觀神道設教焉教而推本於神其務甚有革心革
面之化也蓋觀其所以上惟求下之心下亦求上之心而兩相求而兩相因斷中正以觀而不覺其欲
之遠矣然而善教也初非以此為要結民心之具也因之民順從乎上而開顯比之治取舍有
欲不識焉晉之民順而守五而撫乎先之志失乃有民日慨者聖天子覆以定民之志盡以育
民之德方惕然於民心之不了下方凜然於民心之不了常而自覺匡直勞來有未盡者豈敢謂
東鄰之牛不如西鄰之禴也教然而善教也自有此以為固結民心之本也泰以三陽為民極
裁成輔相之道而包荒不至於遐遺蓋以三陽為民極有孚惠心之祉而惠德君占夫元吉聖
天子漸以善民之俗竟以先民之行惟是明之教以興民德惟是敷五教以正民彝而自覺會
極歸極之莫外也何莫乃君子之輿而或失小人之廬哉我國家文道化成而民心固於苞桑
穿穴經義輔翮經昌不乃擅美於前

陳

陳

欲常常而見之

欲弟之常見其親愛之心至矣夫舜固愛弟無已也常常而見之弟之欲有然其親愛之心不亦至乎今夫家庭之際寧有奇情而可顯之良聖人猶切蓋親愛之思既摯覺孔懷之念不欲須臾離也象君有庳以年既使吏代治是不特為有庳之民計者深即為象忍者至矣蓋不欲以九五之尊疏手足之誼寔深期於同氣之偕無背遠之虞也無他舜之於象固欲日日之且欲常常而見之也不藏怒者舜也而所藏者惟欲見之念不宿怨者舜也而所宿者惟此欲見之忱故即偶然覯面非不足以敘友恭而舜之欲不止此也必以朝以夕頻仍如此

心。庶克慰。象憂亦憂者舜也。而所憂者尤在欲見之心。象喜亦喜者
舜也。而所喜者更在欲見之意。故即片刻周旋。非不足以深式好。而
舜之欲不止此也。必時時晤對而此倍娛。克盡。以我而逕欲見弟。安
是以躬之不數。欲見我耶。惟常常而見之。庶吹塤吹篪。兄弟熱相聯於
旦。夕知其以我之悵欲見弟。安知親亦不殷欲見象乎。惟常常而見之
庶。晨昏定省。豫順自日暮於門除。常常而見之。舜之欲如是。象于是
淳得常常而來見。

聖人親至情畧能道出

聖人親愛至情畧能道出

欲常常而見之

下卅課

見又其常仁人之愛弟無已也夫象固不欲見舜也然而舜常欲見象仁人之愛弟其能已耶且人之待弟也偶見之反覺為親常見之反以為狎而不知仁人之於弟親者毋失其親狎者無亦損其狎即貴秩有供國事有理遂從而畢其欲是假一國以踐吾弟其能無幾相欲見之戚耶有如使吏代治舜豈僅為彼民計耶想當析圭班爵之時天各一方手足而分居矣在舜不無綣恋之嘆即在昕土分茅之後身居異地骨肉而分離矣在舜不無繼見之思常常而見舜不禁欲從中來已念父母之愛少子也庭闈雖多聚首而惟此兄弟睽違

時深痞瘵之憂此無傷寃諸形聲之表向令當日者四岳九官時相
覿面而其所鬱鬱不樂者至使父母有予季之嗟舜之心忍乎是故
一見而憂始解及一不見而憂仍不解其情默于萍蹤之遼合者常
合而地如一心矣念少弟之愛長兄也鬱陶根於天性而惟此晨夕
阻隔時切瞻對之思夫寧異布衣之樂向令當日者九男二女日在
目前而其所惓惓不釋者至使少弟有長兄之念舜之心又忍乎故
常見而心始慰及不常見而心仍莫慰其有懷于棠棣之咏歎者雖
歷險阻若同堂矣常常而見舜固有欲欲且無彊雖曰朝覲會同在
象亦有見舜之日然河山阻隔而見者少其不見者多也顧安得音

容時接。而鬲毛離裏之思。殷殷其離已者。遂不曾旦暮遇之矣。夫豈
河山所得而阻哉。此舜不能不時與予覿之悲。雖向時巡方岳。在舜
亦有見象之時。然疆域所限而見者暫。其不見者常也。顧安得朝夕
相依。而同襟聯袂之歡。既既其如結者。真其有寤寐見之矣。夫豈疆域
所得而限哉。此舜不能不日懷覿爾之思。源源而來。職是故耳。放云
乎哉。
詞藻婉摯。恍見聖人愛弟之心

清斯濯纓

水有與纓宜者亦惟其清故宜之也夫纓之濯豈有期于水而水之清則即以之濯纓濯果何心乎哉且夫事有適然而合物有不期而至者天下固不獨一水為然然亦何必不於一水思之也故有臨流溯波同為寤嘆無端而于人澄清之悟者斯其故誠不可不重為推求也如歌滄浪之水者謂清可以濯纓是歌也果為纓而念及於清乎抑為清而感及於纓乎使為纓而念及於清是思焉覽此纓因而思濯此纓意則係之乎纓也使為清而感及於纓是思焉觀光纓清因而思濯此纓意則不甚係之乎纓也凡此要不可知而但自我而

念之意誠係之乎清而不係之乎纓意即係之乎纓揔無非爲此清而係及於纓天下之言濯何常之有殆惟清斯以之濯纓乎哉皆謂水之清水之宜也不知水能清以遂宜否彼濯亦豈嘗代爲之計而要其清之有所用也則又不敢妄褻之矣懷茲纓兮素不欲輕于一濯者乃今竟濯之焉其竟濯之者果爲水而然耶非爲水而然實爲清而然清則何必不然哉或者謂水之清水之恒也不知水能保其清以有恒與否彼濯亦安能預爲之斷而要之當前之有其清也則必不至不善待之矣瞻茲清兮遂爲懷纓之無可濯者乃今恍得然濯矣其恍得所濯者蓋實爲清而然也非爲清而然乃云爲水而然水固

敢外漠、有然乎然則清之受濯於纓亦豈清之有詔于纓耶夫清原未嘗詔濯以必纓之故乃濯之於纓自不能舍而别有所托可思清一能無失其所為清而濯即無敢遂輕其所為濯則果此清者貴乎抑此濯者貴乎抑纓之見濯於清亦豈濯之有厚于清哉夫濯初未嘗私清以宜纓之故而纓之於清自不能外清而他有所往可見濯之至不敢輕其所以濯凡皆由於清之發呈其所為清則果此濯者重乎抑此清者重乎是可思矣

清斯濯纓 二句

水有清濁之異、濯之者即因之而異焉、夫同一濯也、何分于纓、又何分于足乎、亦曰惟其清、惟其濁耳、濯之者究何容心哉、今夫不仁之主○非特昧于聽言○亦並昧于觀物○而抑知物之見用於人者○不相期而若相期○隨所值而各適其所用焉○此際○正○足○深○人○流○連○也○如孔子聞滄浪之歌、而亟詔小子之聽也、以為天下有至難齊之物○質而分聽乎人事之所加○即○滄○浪○無○能○相○強○天下有至難定之人情○而一因乎物理之所具○即○儒○子○亦○不○自○知○彼其歌清而復繼之以濁也○亦○見○清○歌○清○見○濁○歌○濁○耳○初○未○嘗○先○存○一○清○之○想○先○存○一○濁○之○想○也○不[illegible]

歌濯纓而即纓之以濯足也亦宜于纓則濯纓宜于足則濯足于加
未嘗預設以濯纓之見預設以濯足之見也清不與纓期而濯纓者
必在清濁不與足期而濁足者必在濁清兮濁兮欲稍混焉而不得
矣濯纓者非有待于清遺因其清而濯纓濯足者非有待於濁遺因
其濁而濯足纓兮足兮欲一視焉而不能也浸假而清者忽濁則濯
足者即至浸假而濁者忽清則濯纓者復來蓋清與濁無定而濯纓
濯足者亦與為無定也浸假而濯纓者欲濯足則將舍清以就濁浸假
而濯足者欲濁纓則將舍濁以就清蓋清與濁有定而濯纓濯足者
亦與為有定也且欲強濯纓者同于濯足而濯纓者必不受曰水非

清。也。今何為而濯纓也。更欲強濯足者等于濯纓。而濯足者亦不受。曰。水。非。濁。也。吾奚為而濁足也。清斯濯纓。濁斯濯足矣。聽孺子之歌。不可以知水之自取乎。

湯三使往聘之

聘至于三、商王之誠意見矣、夫人主之聘賢者鮮矣、乃湯三使聘之、其意不亦誠乎、且士人出處之際本不因一聘而就而昔相延攬之方亦不以一辭而止是故商王求賢而使命往來不憚屢數之煩其相須固有甚殷者爾豈若處畎畝之中由是而樂堯舜之道尹之言也而湯則何如、、使湯之聘尹也以意尹之言其囂囂以一請而輙止則湯之無求於尹也然後可抑使湯之聘尹也以尹之意猶堅固遂以再至而已是則尹之不可以動湯也然後可而非也、湯蓋三使往聘之想其往聘之時亂蓋滿前湯意曰是以屢招而後通五動而後見乎其嘒起之時今章

收作

若于立聖也是以一聘不已至于再再聘不已至于三好之者蓋無已也想其往聘之日而吾旌賁望湯意曰是得無一徵而不至累辭而矯就者乎其羅致之時令長棄于草莽也是以一往不已至于再再往不已至于三其求之者蓋甚殷也且世或有虛心之主不必有三聘之殷不知尹不可忘而樂道之尹愈不可忘此日之聘不同于前日之聘尹將何以曲承夫湯也哉抑世或有矯情之子不必待夫三聘之加不知尹無求於湯而湯愈有求于尹則此時之聘更殷于往時之聘尹寧終有負夫湯也哉而後乃幡然改也伊尹果有要之乎

詞尔雅致

湯之盤銘曰　一節

誠于自新者無間其功而已夫苟不新則已耳苟日新而間其功何以異于不新者湯銘故三致意焉意謂人之自治者始患其志之不銳繼患其功之不純志之不銳無望其能純矣功之不純亦何也志其徒銳矣吾今借鑒于盤焉天下事莫不有其機之既發遂有不容已之勢則此機不可不亟圖也天下事莫不視乎其力之未貞後此將有鮮克有終之慮則吾力不可不永矣也從前之蘊藏不可言矣苟一日者觀茲盤而惕興曰吾有身而弗新而思取償異日不得也滌爾塵雪爾穢請自今日始已往之污習無如何耳苟

一日者對蕪盤而𢘆然改曰吾有身而未嘗不欲姑待乎他日不可也洗爾污革爾習端自今日始雖然所貴乎新者非一日之謂也心雖云來復而消自待其新而恐姑之中乘機自今倏爾息而氣無阻于半塗而日復一日視蕪盤雖然所貴乎新者又非徒日日之謂也君子既已重離而欲無閒其新當如震之初出繼自今污革爾習功無荒于末路而與日無窮視蕪盤蓋前此之詬尤業刱之發憤惰其咎而後此之除懶不能以倜爾之振拔謝其故雖處已新之日而猶作未新之想積百念之偽總以一念之剛斷而有餘萌一念之私補以百念之真誠而不足故未新之時欲其丕變

而已新之後祇率其故常。昔者仲虺告余曰。德日新。萬邦維懷。吾以
銘吾盤

第三十九冊　卷一一六

湯之盤銘曰 二節

吉歲取興化府學一等二名 廖 瑜

日新者功無所間、而新民之本立矣、蓋不日新則何以為新民之本乎、此商盤與周誥其理本相通歟、且王者勵旦明而端風俗要必無逸乎己之思。而使當世漸消其自棄之意。故嘗多所警以修一己之德也。又嘗廣所化以復天下之性也。揆厥用心。靡不皆勵精之意。而民風于以丕變矣。如經所謂新民者可識已。今夫欲新民而不知自新。則治無其本。而徒自新而不兼新民。則功疑其隘。曷不觀商之盤與周之誥乎。昔虞之民於變而時雍光國亦新也。而繼治者同道。故移風易俗之為。未記於典冊。湯武之際。應天而順人道取草也而運世者有本則震動恪恭之氣先見於深宮不然彼湯古聖人也觀其天錫勇智九圍是式似可優遊自安無煩深慮為也而乃競競焉即盤以言新即新以計日惟恐自暇自逸則萬民之指視猶後而一心之愧悔獨先故必惓惓於厥初而並舉夫和厥中圖厥終以相戒丁寧反覆三致意焉嗟乎使商之孫子能如是以治台保乂與丕顯聖敬日躋則德即既日新將民之畏商厥舊哉亦何至以舊染污俗墜厥告戒而康誥之篇可以無作也夫康誥何為而作也在昔武王深慮夫淫酗肆虐敵化漸於朝歌穢德腥聞餘風及于洙土故其告康叔曰嗚乎小子封往

茲東土亦思國恃乎民，民重乎新，而要非有以振之，必不能使之惟棄咎其大變其弗祗弗恭之習，使之惟懋和，使之日相安於于引養引恬之中。何則？民之新，新於上之作之也。上之作，惟其自新有以先之。民也不（欽）我武，當日何以力勉，必書牖户，必銘其以日新爲作新之本者，竟無異於成湯也哉。是知民風厚薄，端由主德之純疵，故必純粹以精，而後下土之奮興，功無少懈，已性已盡，民性固之而可復。故當斯民向化，而大君之懋勉猶殷然。吁，觀于此後之自新以新民者，可以慨然興矣。

朗朗如玉山上行

明清科考墨卷集

第三十九册　卷一一六

湯使人以幣聘之

出處正者觀其初聘而知之矣夫以幣聘尹聘樂道之尹也要湯之說可不辯而明矣俗曰士君子抱道自高誰肯不待聘而出于要哉故朝廷隆元纁之典草野虛側席之求此雖君之重道乎而亦士之自重也實甚尹之以義道自守也想其優游蓬戶覺室中自有堯舜彼既偃息桑麻念田間誰為知己鋤雨耕雲若不知有湯也抑寄情物外置理亂于不知曠懷千古仕默陟于不聞山巔水涯更不知有湯之聘也乃湯實不能已于尹也則使人以幣聘之聘伊尹乎聘道耳不然而虛左以待也何爲抑聘伊尹之道乎

筆情古峭

聘其樂堯舜之道耳不然而臨軒以策也何爲湯若曰此人不出如蒼生何如飢焉如渴焉湯之幣往湯之神已先馳矣社稷之事仔肩何人心藏焉心寫焉湯之心與幣俱往湯之心已與尹俱來矣世有有欲仕于未聘之先者矣叩閽扺璧日伺候于公卿之門即以有知遇即足以贍生平之願若此人者是要其聘也湯豈聘之乎又有不仕于既聘之後者矣進山顛水故飾其高尚之名即徵帛之加終無以改其麋鹿之性若此人者又以不要要其聘也湯豈聘之乎進觀伊尹囂囂之數言要湯之說可不辨而明矣

思致深入

筆暢機靈

湯使人以幣聘之囂囂然曰我何以湯之聘幣為哉

以幣聘元聖若未易以聘動焉夫尹固不苟出者也湯聘之以幣而曰何以幣為要湯云乎哉且夫古人之不輕於用世者何為乎夫亦外度之君內度之已有不敢或苟焉耳矣故無論湯以相招罔不背輕于一出即有殷殷以禮來者彼亦漠焉而不相關也如湯慕尹之賢果何以聘尹哉則將修緇衣之文以動其心而望其至歟則將歆扶壯之章以慰其志而招其來歟而湯則不然蓋以幣聘之蓋使人以幣聘之云想湯之慕尹不禁其心之專以中懷之如結覺欲見之無由故姑以幣聘之或尹之諒其心而可邀一見以為榮歟抑湯之

西窓

恩尹不禁其意之誠以相質之甚殷覺相見之不易聊使人以幣聘之或尹之感其意而可以相見猶恨晚歟當是時其在湯也固將籍茲聘幣以彰其慕之深恩之切庶幾大賢之卒亦得羅致於闕下焉是湯之於尹抑何其用實之殷其在尹也尚將藐茲聘幣而不覺其心之淡志之堅且視大建之盛禮等於淡泊之遭逢焉是尹之於湯又何相遇之疎彼蓋囂囂然曰我何以湯之聘幣為哉若以微辟甫至湯固欲我之趨承於其間而我不可以具文動也蓋我之所以自足者有在如從矯情以鳴高則所見亦小矣是故不敢遽然以應之夫亦恐大失其為我焉耳方旌下逮湯亦欲我之奔走於其側而我

不可以壹文感也蓋我之有以自信者良多如堯長往以抗志則前

守亦狹矣是故不欲冒然以赴之夫亦恐大負其為我焉耳要之湯

之來聘也固為穆然無已之心而丹之郊聘也猶然弗視弗顧之志

要湯之說胡為乎來哉

第三十九冊　卷一一六

孔子 壬戌

初百會

啓賢

夏王有賢子、遂益隆矣。夫啓之賢、固非有一定之埤也、乃啓竟以賢著矣、禹也果何以得此、且自歷聖踵興、胄子自棄官天下者久、無望其有賢子矣、乃不意夏嗣挺生、固可驕前而軼後、則雖無天下、而其器識之殊、固有可得而想者、亦何必言禹未有啓、是也、謂子而必從父類歟、夫堯非不類之父也、朝夕在庭、而朱且以不肖著、況禹則八年荒度、十三過不入之時、未聞傚教胄於唐虞、啓雖明敏、恐難卜稍承之繼、謂子而必類父歟、夫舜非不教其子也、母妃並賢、而均亦以不肖聞、矧禹則下從傾倒、耳屬益於天之際未

鄉館

見稱啟明於岳牧啟[illegible]未必能服之惟甫而孰知啓固賢者
也天子之子子也嗣服作求夲歆克明克長之休而(若)啓則不待歆而
自賢也深宮[illegible]德直以一身默契兩朝之父子天子之於子也世及
為常亦重念作君作師之任而[illegible]啟則不待薦而自賢也李壬癸甲俾
使萬世咸知四日之發祥此不必待朝覲訟獄之歸而始信其賢也
讀[illegible]之[illegible]而知禹不為堯舜奉而其子不為朱均則當其聚首滕
下而無怨無憾已足慰(乃父)勤勞之望亦不必待弗依來格(有扈徂征)之時而後
驗其賢也誦塗山之書而知禹之得啟一如鯀之得禹則當其甫娶未知
[illegible]而推嗣挺生更延償乃祖羽淵之痛蓋造物之生材也往往故

畜其遇以示予測之奇禹也而得有是子倘亦有非禹不能是子者
耶則啟且與禹而並傳而奇材之間出也又注之啟厚蓄其勢以彰
潛德之光啟也而得子於禹毋亦有非啟不足成其子者耶則禹且
因啟而益顯能敬承繼禹之道啓之賢也爲何如哉

第三十九冊　卷一一七

壹戎衣而　受命

王世貞

融洽首尾。

周王以武功受命而終有不得已之心焉。夫戎衣着。而天下定。周之受命隆矣。自非不得已之心。何至末而後受哉。且聖人憂天下之無君。故雖革命之事。身嘗蹈之。聖人憂天下之無臣。故雖受命之際。心嘗戚之。吾于武王之纘緒者觀焉。方其承三后之統。值商辛之暴。天命祚姬不祚商矣。武不得不起而受矣。戎衣甫著。聿成一統之功。獨夫既殄。不失芳名之著。于焉保四海。于焉爲天子。威福玉食之命。武受之也。于焉享宗廟。于焉保子孫。光前裕後之命。武受之也。然是舉也。武豈有幸心而驟焉剪之者哉。吾知其度身

○手○遂○擒○上○截○　○不○漏○次○句○得○法○

○注○武○王○説○方○是○

○擒○下○截○

○觀二句便見武王○非利

天下○先○伏○命○字○受○字○義○清○劃○界○

○懷人必陰○晉句

倒穿不○鮮如扶位○置

○括○受○命○中○只○留○未○字○勒痕

○穩

雖已爲天下係屬之身原其心則猶存終身事殷之心故擅天子位擁四海富僉曰周命何煥然新也而武王之意方念天位商之天位四海商之四海何忍一旦撫有之也太白懸旗之事其在垂

橫上戎衣首尾一相

老之年乎以隆先祀以啓後昆僉曰周命何赫然隆也而武王之

撥上緊係二句

意方念商先王之不血食商子孫之不奕葉何忍一旦剪滅之也牧野陳師之後其在既髦之後乎向使以有天下爲利而汲汲戎

以交收盡化題句筆力高古

衣之著當時且有議之者又何顯名之不失哉吁武之受命而至

倒將顯名句收入通篇搭趣

于末也總不得已之心耳

前伏後案後借前情玲瓏映帶一座琉璃屏也　馬君常

壹戎衣而有天下

徐常吉

觀聖人取天下之易。而知其能纘緒矣。夫天下非小物也。一戎衣而有之。是何其取之之易哉。於此見武王之能纘緒也。且古之人。非無經營天下者也。亦有圖之以累世。而終不得奄天下而有之矣。非無奄有天下者也。亦有藉之以艱難。而非出于一時之所定者矣。況紂君也。武王臣也。以臣而欲取天下于君。則其勢不順。紂有臣億萬衆也。周有臣三千寡也。以寡而欲取天下于衆。則其勢不敵。不順與不敵之勢合。而難乎其爲周矣。可以一戎衣而有之乎。自今觀之。則有不然者。孟津之會方合。而如林之衆已摧。牧野

（逆翻而入）（翻有天下）（逆翻兩層）（翻一戎衣）（頓一筆遂出題面）（明畫一筆轉入）（頓回句為局）

之師既陳。而前徒之戈遂倒。非有勝負之相持。以至于曠日也。黃越一秉。而商家之土宇遂轉而爲有周之版圖。非有兵刃之日尋。以至于老師也。白旄一麾。而殷氏之人民遂轉而爲有周之黎庶。其在商也。以六七君經營之而不能保其必亡。其在周也。以一武王奄取之。而初無事于再舉。商郊之始誓者去武成之告未幾也。革車三百。僅一試之而旋見夫干戈之載戢矣。變纖濁而爲清明。其在會朝之閒乎。玄黃之初迎者去大賚之日無幾也。虎賁三千。僅一用之而旋見夫弓矢之載櫜也。合三分而爲一統。奚俟後舉之圖乎。緜業未始不艱辛。而武王取之則甚易。垂統雖由于積累。

而武王成之則不勞。此非以至仁伐至不仁。而何以至是。用是而知武王之能纘緒矣。

創之艱難而非出于一時等語此翻一字也一来一麾一試此點一字也非有曠日老師此就自己襯一字也商六七君經營之而武無事再舉此就商家襯一字也商郊始誓去武成之告未幾此實描一字也揔之掄定一字出奇無窮然翻法點法就自己襯法猶不足爲難其最妙者在以商家襯起則更有波瀾將一字實跳則更爲刻劃也　汪武曾

揜其不善 三句

庚午 順天 方汝謙 二名

工揜著以欺人而人已見之矣夫揜著之情皆從人起見者也而人已早見之不善之實果能逃君子之鑒哉今夫天下之深於自諱者皆其急於自白者也故夫人一入於欺而其勢常苦其相逼其術又苦其相左蓋集始已多而復加之緣飾以覆其私則我方百計求工彼已一照不爽而才知聰明一時俱廢矣如不善之小人見君子而厭然是蓋慮君子之見及此而去不善以向善之一機也物莫不有新機之轉愧悟生則性天畢露微明固大可恃也用其明以自勵則因端擴充尚克守此幾希之近人莫患乎故智

之萌浸清久則變態横生故轍猶未肯改也循其轍以自敗則變
本加厲且并喪其忌憚之存是故盖慾者君子之心小人權用之
而深其術於揜旦晝而修清夜之容大廷而作屋漏之肅如見夫
君子惡惡之誠以為必如是揜而後文過之術倍提于寡過也揭
善者君子之心小人借用之而工其計於著賛誦而猶若義類之
弗彰鋪張而猶若指名之未盡如見夫君子好善之誠以為必如
是若而後襲義之功較多于集義也作聖作狂必無兩念為一念
之理而斯人對待而專攻之則任情顛倒幾欲混一世愛憎取舍
之常上達下達亦必無兩人為一人之事而斯人兼營而一注之

聊予智自雄幾欲立一身於美刺是非之外吾將慮小人之術從此伸矣而抑知人之視己偏能出小人意計之外而先其覺且能入小人胸臆之隱而燭其微天下惟神明之地爲不可欺耳其見棄於名教猶後也而名教中正不敢少寬其責別其似是即以其真非燭照之餘天下盡服其神智而不知寔已予以可抵之隙也向固自爲得計矣而今乃莫逃君子之炯鑒哉天下惟隱微之知爲最著耳其見絕於等倫猶淺也而等倫內斷不肯少憐其防去其兩絫正以定其一寔鑒觀之下天下盡仰其清明而不知寔已逞其己覆之轍也向固自爲有備矣而今乃不外君子之觀察哉

是則巧於愚人者寔之自欺其愚以知吾儒無所貴術工於欺世者寔以自受其欺以知此中正自有真求人可以惕矣君子可以愚矣

（旁批：而居　歸宿　亦榜異地小人之肺肝也　於已見之而仍蹈而為之者）

急言竭論而容與閑易無艱難勞苦之態極似六一風神前後分發中間一束蟬聯作紐故使呼應皆靈而法与元作類元以點錄勝此以清穠勝各有擅場處

揜其不善 三句

庚午順天 馬國果 元

工於欺人者窮於所見矣夫善不善自有真也而小人乃恃揜著以為工肺肝如見其亦知有人之視已者耶且天下未有生而為小人者也彼以為有視之而不見者而小人之術遂成然以為有視之而不見者而小人之術終敗夫使小人之術而果不敗也則天下無不善自匿之小人而小人之操術為甚得矣彼小人而厭然也非畏君子之見之哉夫君子之偶值未必不留餘地以相容而人世之相遭安所得藏身以自固性情自有見真之處乃仍故步而藏其踪託虛境而傳其似則其心為已勞而行詐終無假借

挈視字貫題警快

所以揜著

應起處

提掉渾老

不呆於上截

剝孫仍自渾融

之逶将暫襲而盖積久之慾強取而冒違心之譽斯其計爲已拙彼盖非不知不善之當去也乃不務去也而顧自揜之亦非不知善之當爲也乃早不爲也而轉欲著之是真能聽其揜焉著焉否耶即使機變之才或可眩夫當世而揜即其羞惡之真著亦見秉彝之好夜氣猶存何以慰神明之内疚而況譸張之態即能嬌於一時而不善益昭其跼蹐善亦徒見其補苴大廷相對又奚逃指摘之紛乘夫揜而著之者存乎已而視而見之者則有人彼盖謂揆象貌以爲憑則視之終疑形似耳而不知視之切即已見之真也業相爲謀面而有間之隙必呈縱素昧生平而無寔之華不茂

則善不善之殊致在己欲倒置其位而在人偏如分相還應亦揜
著者所念不到此耳彼未嘗揭隱衆而相晤則所見似在膚末耳
而不知見其淺正以見其深也驟欲隱其所曬迹雖去而神留遷
欲飾其所無貌雖親而志隔則揜與著之相濟在己方持兩念以
兼營而在人已定一成於百變應亦揜著者所猝不及防耳如見
其肺肝有必然者是不惟君子之視己也坐照必本於如神而共
照乃歸於衆著於以知彌縫之拙隙有自開亦不惟己之視己也
獨喻猶有障之蔽而衆喻則無蔀之豐蓋以知幽隱之區幾無終
秘猶奈人各有己而不能愛其己也

此爲意不誠者痛下砭針揜着即是羞惡之心發動處羞惡之心起于是非之心故註補非不知善之當爲二語總是知至意誠交界處惟善惡分明故不得不揜着惟作僞徒勞故揜著必如見上下粘𨖫打合洗發題理題位不走一絲自當于群英中高置一座 唐端士

語語鏤玉琱冰處處含鋒斂鍔謀篇之妙更如水銀瀉地無孔不圓 鳴盛評

植其杖而芸子路拱而立

裁學院 黃田擬作

農人自事其事、賢者為之改容矣、夫芸自丈人事耳、植杖亦固其所、而子路驟已拱立焉、兩人皆足異哉、且世外之人、其尋常舉動皆以無心而寓其深心、雖至泛泛相值之人、耳目必為之神奪也、況爽然於聽言之後者乎、蓋塵事遠而逸興彌高、逸事交而勞情頓失、固有不相期而相喻者已、如丈人既諷戒子路也、斯時子路或遠或近或去或不去、丈人皆付之不知矣、何也、丈人初非為子路來也、以芸來也、有適必有其地、地至而擔乃馳、有器必有其功、功作而形斯壹、植杖而芸、丈人復何心乎、夫芸也者、亦四體之是役、亦五穀之是治者也、與所言不正相合耶然則喟焉諷子路者其言之不足而以身示耶若然則夫人欲子路之逸而意轉為之牽欲子路之間而躬先為之擾夫彼方且一芸之外無萬物方且一杖之外無斯民而何有于征途僕僕之子路也然子路當聞言貽愕之餘正欲覌其舉動而乃咫尺之間恬然有以自樂泄泄如彼栖栖如此彼縱不相顧而何能望相過也拱而立焉子路殆移情哉蓋嘗思之蒲芽襏襫之徒無足生其敬禮特甚子路從夫子有年矣浮海乘桴之約夢魂每感發于無聊將疑將信之胸覩荷芸者而嫈嫈乎役生其勇也秋水伊人無俟溯洄而宛在而能不肅爾容哉蔓草荒烟之境覺奚事至求其留連特

是子路後夫子亦屢矣石門下吏之談運會果遷流而不已曰堅内白之喻覩薪芸者而幾幾乎别有所悦也足音空谷洵如金玉而非遐而曾敢儀之感歟我不敢知曰拱立必由乎此然而與人親者知術之入人猶淺與人疎者知術之中人必深是故芸之具不為拱立者而設拱之意偏與芸者為緣前此詬厲之聲倏已為之冰釋而滋益其恭揶與人煦煦者坦其懷而易藝與人落落者峻其宇而堪嘆是故芸之態得拱立者而倍孤拱之形乃因芸者而並寂將前此倉皇之問已愧其塵攖而決難頓捨吁丈人植杖之際舉動誠岸如也其無心子路者正其深心也夫

而不淡漠不得又須留下文節節情事任反招阮詩陶不失世外人孤情遠致中後婉約清敍要之不抵牾聖賢工於吐納实處皆空每讀一句冷然如洗

閔子騫

顧昌

次紀德行之賢、事師如事親者也、夫處變而顧其親、遇難而從其師、閔子之以德行著也、非夫子所惻然念者哉、嘗由德統於仁、百行先於孝、而天之於仁人孝子也、既試以家庭之變、又窮以師弟之交、則何說也、德行之科、次及閔子騫、夫閔子以孝稱於夫子、而說者謂有古聖堯舜蒸乂之風、則閔子之德行、得無由孝而入者、儒者專門全其性命、而切求之、不外二人、故罔極之念、肅德也、而至德基之君子務致其躬修、而約操之莫先一本、故無方之念、養肅行也、而宗社宗之閔子、愨以奉親、吾知其德行之剛、健以獨實、爲閔子積誠以悅

敘其行即寫子騫

親吾又知其德行之和順而英華爲蓋其陶鎔於夫子而庭闈之性情克之以函丈之學問及其追隨於夫子而事師之篤志通之以皇父之苦衷曠野相依而驚心虎兕此亦如大麓之風雷百出以試聖孝耳而何必致嘆於莫容一杏壇寂寞而鳳德雖衰儒亦念之瞻之仰岵旋歸以供子職乎而弗能徘徊於往事幸而聚也孝友若可以禦暴不幸而散也師弟原不等家庭此閔子所以列德行之科而夫子念之不置也

遇丈人以杖荷蓧子路問曰子見夫子乎丈人曰四体不
勤五穀不分孰為夫子植其杖而芸子路而拱立止子
路宿殺雞為黍而食之見其二子焉明日子路行以告
子曰隱者也使子路反見之至則行矣
可遇而不可見始終一隱者而已夫遇之者無心故可遇也見
之者有意故不可見也隱者之高蹈固然哉古來隱逸者流往
往不可以恒情測也故常以偶一遇者深入既去之思而旋以
不數見者動人無窮之想其志彌高其行亦彌僻矣昔吾夫子
日與二三及門望〻道里間〻益冀有所遇也卒也不遇於君
不遇於相窮途寂寞未聞遺館之風家食自甘徒高蹤水之節

悲哉何遇之窮而行宗之靡定歟乃一日者子路忽有遇丈人一事當其從而後也躑躅田間徘徊野畔思夫子而不得見得一見夫子者而心慰矣孰意丈人固大有異也驟而觀其貌則甚古徐而聆其語則甚迂繼而察其行事則又甚傲子路斯時能不心異其人哉而丈人更大有異也日之夕矣將税駕於何方來何暮也盍停驂於下里俄以鷄黍進田家之味可嘗俄以二子見門內之風徒古人不相期而遣植也心不相知而偶相樂也流連者久之未聞劝避世一言亦未嘗譏高世一事子路且皇然自失未敢目丈人為何如人矣而夫子曰此隱者也夫然知荷蓧者隱者業也耕芸者隱者事也勤四体分五穀者隱者言

也信宿者隱者居也鷄黍是陳不是謂者隱者風也是何可
以不及見於焉言尋故道重訪旧居思會晤之非逢且不餘樽
以为好念傾蓋之如故寧許去客之重來無何而至矣至則柴
扉如故桑畝依存登其堂伊人宛在也入其室闃無其声也噫
興矣疇昔之夜慇勤而晋接者非此也耶曾几何時而高風不
可復追也自此以後子路與夫子周旋隴畝之間往來道途之
際得無有之人出其中乎蓋不勝低徊待之

簡潔其文詞能使題义
俱足神筆屬登飛見

第三十九冊　卷一一七

遇丈人以杖荷蓧子路問曰子見夫子乎丈人曰四體不勤五穀不分孰為
夫子植其杖而芸子路拱而立止子路宿殺雞為黍而食之見其二子焉
明日子路行以告子曰隱者也使子路反見之至則行矣

隱者於賢者遇不遇皆有示也夫遇子路也而示以言不遇子路也而示之以意矣且夫高隱之士人所不得而親人所不得而疏未嘗不在人世之內未嘗不在人世之外如荷蓧丈人是已夫丈人吾不能名其人也但其所荷者蓧則必勤四體分五穀以芸於田間者子路乃就而求夫子焉非丈人之謙讓者遇而子路則遇矣然而莫謂子路不知丈人也拱而立者子路也然而莫謂丈人不知子路也止之食之以二子見之者丈人也風舉露明之際丘墟町疃之間一則具衣冠劍帶之容一則接慇懃杯酒之樂丈人與子路似乎相得甚歡矣然而莫謂兩人竟相知也反見之使胡為乎來哉蓋子路至而丈人則行矣夫人世之緣夫人知之

倒立有勢哉
敘法安化

有聲有色

留後半句有情

映帶上文勃勃
兩股中分丞清
古人叙致之妙

此是倒亟當上
段用筆之别

結出題眼收
束三知字

真令人有遠世之想

矣。偶而聚。偶而散。偶而治。偶而亂。其託寓而不可再者。誠如□有主之憧。其迹。游而不可拘者。盡如掬逢萍水之跡。與丈人之以意示者乎。若曰恐子路之復相尋。而先之以蔵跡。則夫杖芸植也。不動不分之言具在也。而必逃之南山之南北山之北也。哉丈人曰隱者也。夫固已知之矣。

模寫點綴。光景如畫。韻挫抑揚。字韻如生。張元長

以知字作一篇線索。而其中或虛或實。或分或合。或順或逆。用法極工妙。而氣韻超然。尋尋但有煙雲舒卷。真神伎才也。何屺瞻

遇丈人以杖荷蓧子路問曰子見夫子乎丈人曰四體不勤五穀不分孰為夫子　華元璐

即所遇以詢聖若非其人之所樂見也夫子路迫欲見夫子故隨所遇而問之丈人曰孰為夫子夫豈願見聖人者乎且聖賢之在天下固不僅道途之遇足以慰風塵之志也然使道途之遇得其人則行路之知交無異同堂之觴謂猶不可謂非聖賢之幸也而無如意念有殊賢者之諮詢雖切而若人之言論多遠則意中所欲見之人已非當日所共見之人矣昔子路從夫子豈不曰今之天下孰不知夫子之為夫子哉孰不知夫子之為夫子而思見之者哉是不特君相之郊勞有其贈荅仰同潤之父老亦致其懷思以是而從之也而豈

意其在後乎夫在後則不見夫子矣然子路思之深而念之乃以為
行踪之離合有意期之而若失者或無心接之而若親茍其循途
至安在非夫子之避迹乎道路之阻長追隨而有其相睽者往來而
或見其相値尚其跋履而前安在非夫子之覿面乎正徘徊瞻顧而
丈人荷蓧來矣遇者丈人而子路之心如見夫子遇者丈人之荷蓧
而子路之心則以為見夫子之丈人進而曰子見夫子乎有若一堂
之共事者有若生平之熟悉者丈人其果見夫子耶抑未見夫子耶
如丈人而果見夫子則蓱踪之遭合得親聖人之德徽子路以為夫
子若丈人亦可共稱為夫子如丈人而未見夫子則倉卒之諮諏想
見聖人之懿範子路之得見夫子丈人亦可因子路以見夫子當如

遇丈人以杖荷篠子路曰子見夫子乎
丈人曰四體不勤五穀不分孰為夫子⋯　華元璐

是則當悔其胼胝之徒瘁也則當悟其稼穡之非急也則當于晉接之間自致其尊崇之號而未敢忽也乃何以子路之問者夫子而丈人之答者非夫子體勤致訪而猶識其行邁之徒勞抑何以子路之欲見者夫子而丈人之不欲見者即夫子師弟睽違而徒責其從遊之恐後曰四體不勤五穀不分孰爲夫子非甚非子路遇之之心矣夫荷篠之丈人而曰遇也子路之欲見夫子而誌也至莫識乎夫子則雖遇而不遇矣抑以孰爲夫子之言而出自丈人似不足以言遇也然欲見夫子而聞是言又不謂非子路之遇矣而丈人于此何如乎子路于此又何如乎

遇丈人

蔣琰

賢者適然之遭殊無異于丈人也夫不遇夫子孰非路人斯時之由于丈人何異乎魯論記子路所遇晨門以官守傳沮溺以名字傳未嘗不嘆伊人雖遠而形跡猶留人間也乃有官守既去名字亦湮僅于貌顏邂逅之間使人髣髴而想像之以為别識者則所遇更何如也當由之失我夫子也不欲旦暮遇之乎路險難兮獨後孰異道而相安願還赴兮横奔及行迷之未遠詎意之而往詩歌邂逅之章覿面以迎易占丈人之吉噫丈人何如人耶天子不父事諸侯不兄事而僅以莊嚴號于鄉文之稱微也良人命而

卜于藏先君望而載于渭古人豈無遇主于巷而樹白首之勲名者而乃與失路之客周旋于道左彼何人斯耄矣無能為也不為天下父不為衆人母而猶以法度長于鄉丈之稱尊〻老年七十而為縣師麦丘年八十而與國政今人亦豈無遇其夸主而来暮年之作合者而但以千里之志寄老于田間壹者之来寧作常翁遇也然而子路無心也人之云遠方且尋踪莫辨不勝適願之思則覯此丈人等于亦莫我有亦莫我顧之儔何暇于徬徨失據之時留心長省而丈人亦無心也齒之將衰大抵仗人為力不事之勞而則視此丈人且有獨行踽〻獨行衆〻之象則豈若喬

六、遊觀之老物色風塵何也彼亦荷蓧而來、也向使過客不通
言各事其事夫亦交臂遇之已矣然而會有遭然也

無所用心

置心于不用者聖人深有嘆焉夫心不可不用也乃竟無所用焉則能食終日何為哉子若曰吾人力學建功端必以用心為要能用其心則學成功立而進而與聖哲為儔不用其心則功廢學荒乃退而與庸流為伍已知世之有人者甚不乏付之無所用也吾為飽食終日者惜焉夫飲食無養生之資彼則鼓腹恬嬉亦知此心為衆理所具必不可從有昏昧之時和抑時日乃程功之候彼則歲月游惰曾思此心為萬事以不可使有放逸之失乎甚矣心貴乎日一者之何竟無所用哉況人惟危而惟微者此心也和哉心既惟危必用

之方知其危心既怵惕以用之方知其心而若人全不歷念也恐急
養矣衹覺此
一鉄驗可娛絕不精勤以長用其心任惟危生械有
澄然遂洗而已矣微夫難存而易亡者非心也而我心既難存必爾
之始知其存之難心既易亡必用之始知其亡之易而若人全不經
意也違情便安莫惜此生之居諸慮度絕不刻勵以用其心任或存
或亦有惆然不願而已矣我思古之君子用心以攻學業至于發憤
而忘食者有之茲何為者怙為嬉為學業不攻於人而惟以饕餮為
懷遂等于愧然不靈之物不亦負愧于天地也抑思古之君子用心
以營事功至于日昃而不違者亦有之茲何為者優為悖為事功力

警於心而惟以玩愒為樂者同于寞然罔覺之倫不亦抱憾于衾影也。噫、有心而不用如此，欲其入德而免患也難矣。彼飽終日者，胡為其然哉。

○○○無爲而治者　一章　吳蔚起　見

無爲僅得一聖帝、其治象可想見也、夫無爲而治、殆難言之、夫子獨歸之舜、所可想見者、苐恭己之象耳、他何爲哉、且帝王南面而涖天下。時勢不同。々歸于治。而勞逸分焉。其逸而治者。聖人之德。尤聖人之遇也。惟然。故其治無迹可見。而僅得其象于慨思寤想之間。吾嘗上下千古。而嘆無爲而治者之難其人也。今夫亶聰明而作元后。聖人既特擅有爲之材。造草昧而奮經綸。天下又有待有爲之烈。于是有躬居南面。早作夜思。而天下未即治者焉。或治矣。而未洽。々矣。而日有不暇給。典籍所載。可考而知。甚矣無爲而治者之難其人也由今思之其舜也與舜以協帝之德而適紹帝之成其所謂賓門納麓封山濬川諸務不過竭力乃股肱上襄光被而異日適成其休則夫勞于始而逸于終聖人之遇未有若是之奇也舜以官人之德而享得人之樂其所謂敷土播穀明倫猶教諸臣不過一經簡命奉以終身而繼此別無推擇此又勞于求而逸于任聖人之遇未有若斯之盛也遐想其時天地平成民物安阜舉天下之大無一事一物尚有待于聖人之為而聖人復何為哉以其身托之乎巍巍之上以其心運之乎業業之中其存諸神明者不可窺而被諸事功者又無可執恭己正南面無為者之

治象如是而已。嘉謨之陳。尚交儆于無怠無荒。乃天下之太平翔洽亦已久矣。開明堂以朝群后。四方萬國奔走偕來。而聖人撫五辰以臨之。當日所目擊者此象也。今日所神往者亦此象也。帝歌之作。猶勅天子惟幾惟康。乃有虞之垂裳布化。不再更矣。坐廊廟而念蒼生。解愠阜財。斯須不釋。而聖人揮五絃以致之。千載以上所目擊者此象之外無他也。千載而下所神往者此象之外無他也。噫。（深遠）至矣。夫帝王亦期于能治耳。無為而治。與有為而治一也。然孰如舜之德邁兼隆。曠世而一覯也乎。

淋漓大筆。當在默會題神。逐句安貼。飛翔來句。只善寫氣象。

吳荊山

文不泥推原諸本說解格意却難其寫得精采乃爾

無爲固是舜若遽說到舜之德如何當得與題篇中安頓之法通局

如題一俱三題而精采之大之夫陵起伏兜旋從容摇曳

描繪事故爲殊絕

無為其所不為

高約祺

不為昔易改其初人當堅守其操焉夫有所不為初心也而為之者多矣人尚堅守不為之操而可哉孟子曰人身一有所動而得失於以分聖狂於以判者亦惟曰為焉耳為之而入於聖賢之路固無取乎無為為之而入於匪僻之途又無取乎有為蓋哲人審幾惟恐乃決志士勵行惟斷斯成也今試即人之本心溯之不皆有所不為哉人或難自信為君子而無不共恥為小人苟賤不廉之事其誘雖弁而清夜自思終恐偷名之頓喪人未必慕忠孝而若溺而誰則污瞞而如飴踰閑蕩檢之風其染雖深而見聞驟觸終疑指示之交加其不

為也可羞可惡之良澟之為一生之名節不淄不移之操守之為百務之綱維何人之侵〻焉復起而為之也耶為之而始則赧焉〻愧趣繼且暱就而不知毀方為圓雖須臾之節豈能辨而旦晝之〻所斲喪也為之而以尚且消其志氣旋即以恣肆逞其才能偭規改錯雖平旦之清明未息而雞鳴之征逐仍勞也吾也為之觸其生平衡固有返其素履所本無於隱忍遷就之時而尋其故轍於賤行辱身之際而叩其天良夫非其所不為也哉則無之實便退葸非勇也而準繩則不可踰念自立身以來所不為者亦既旦夕以袪之何〻引不窮者猶翼我而前也出剛健之力絕緇磷之累非其義也無以藉

鍾為有加是有命焉無因一介而或取則不為而弗驟於為者亡覺身心之担蕩寂守非以赴功也而匪懈則不可率履念自持身以來所不敢為者久已遠引而避之何倉卒相乘者若推吾於後也立捍衛之防嚴人禽之介無云惡小一失足而負疚百年無曰直尋一枉已而莫償百行則由不為而可勵其為者自生競業之精勤是故爾汝穿窬之患充類本自無窮概絕以無為則跬步不容越畔廉恥節義之閑自逐無非故我求矣以無為則循流直可窮源不且與無欲所不欲者同得其本心乎而義爲可勝用乎

逐層梳剔有意无精無語不鍊

無聲無臭

諸衜 武法

合氣于漢微乎其微也夫苐曰聲臭則無形而止有氣矣而亦漢乎其俱泯焉尚安有稍涉于顯也者中庸引詩之言天載也曰凡可狀皆有也凡有皆氣也氣無不流故兩間總無空虛之處而氣有其宰則一元常在渾穆之初蓋造化之樞機藏于寂萬彙之根柢托于靜則凡乘于氣而隣于有者舉不足以言上天之載也何則氣與氣相激而聲出焉微特雷以動而風以散上帝之出入必假聲以顯其功而洪鈞之相摩相盪吹萬不同則吁喁者何在不聞天籟之鳴氣與氣相積而臭生焉微特春則羶而夏則焦化育

發端超雋

善談名理

之流行亦因臭以傳六令而太虛之升降飛揚未嘗止息則氤氲
者何必不如焄蒿之達而都知鼓篋者有聲宰物者無聲也雖曰
（剖析分明）
以息相吹而化工之橐籥要不聞有呼吸之可通則息之不留而
聲于何寄居歆者有臭資始者無臭也雖曰以氣交感而乾户之
闔闢卒莫尋其眞精之所含則氣之俱泯而臭于何存夫僅曰聲
耳而聲之去来無迹僅曰臭耳而臭之迎距何形離乎實而相構
（照注義遥進一層乃越見兩無字爲不虛之至）
于虛即以爲有而視之不見搏之不得者固已入于希微之域乃
天有聲乎而帝謂之辭莫可聞天有臭乎而馨香之感莫可測有
臭宰而不得其朕概以爲無而探之茫茫索之冥冥者又孰窺其

神化之原一是蓋惟天下之至無斯含天下之至有故無聲也而天下之聲以鼓焉無臭也而天下之臭以萌焉其發微不可見者其究周不可窮者也此無極之所以為太極也（此所以異乎老子之所謂無）而亦惟天下之至有必本天下之至無故天下之聲皆聲也而所以聲者無聲焉天下之臭皆臭也而所以臭者無臭焉其究廣大而莫可圍者其來幾微而莫名者也此太極之所以本無極也（東本題起至矣直為）超乎迹而會乎神獨以一言[illegible]止命之精（全部歸宿）遂于冥而合乎漠即以一言証天人之合（是中庸到頭語）至矣哉詩之善言不顯乎

兩無字緣天載說以所奇致天賜玄風道理却自脚踏實地

與老子元之又元　冥冥默默正復同妹各夢夢在本源上
辨取

舜在牀琴

虞帝之在牀琴，傲弟所不及料也。夫象意舜不在也，乃在牀琴焉。其忽見能不訝然乎。昔者象繼干戈而思琴也，意舜固不在矣。其所作五絃之琴，亦無人在宮而彈矣。方將入宮而取此琴，方將據舜之牀而誠此琴。蓋誠意舜之不在，而張真朕之琴也，乃不知事有所不及料哉者。蓋舜既出于井之後，其必有所不樂，適見昔所為五絃之琴，遂據牀而彈之。不謂象方入宮止，欲取此琴，誠此琴，乃忽見其在牀琴也。夫舜之所在亦至無定矣。當其未得志也，則在畎畝之中；及已得志也，又在貳室之內，而且或在于河濱，或在于雷澤，或在于四門，或在

霞井幼課

于大麓此皆人之所及料其在也而今日之在牀琴豈所及料乎在

淨接氣　機致洋溢

象舜已在井而不料舜固在牀料舜之自已在井塗泥而不料舜之

手且在牀之琴鳴呼其舜耶其非舜耶其舜也則誰為出之於井者

用古恰合

其非舜也則如怨如慕辭之成聲者果伊誰耶則見牀琴之際果者

此二段緊接上文更為雋妙

二嫂也而列于牀之左右者干戈弤也備乎舜之供奉者牛羊也倉

廩也夫乃嘆已無玩好之緣而父母亦無富享之福矣然則舜之在

大尖詩譚

在字餘波復有如許鬧熱

世實天之黜庶其在也而在堯亦喜其在國之四岳九官及成都成

邑之衆人亦無不喜其在惟舜之父母方幸其不在而象亦深幸其

不在而不能不深歆於此在也吾知其忽見舜之在必且足將進而

如畫

廛

長

趦趄口、將言而囁嚅、於是倉皇措辭僞自掩飾曰鬱陶思君爾、

如畫

繪出當年情事、難其饒古雅之致、趨雋之筆、

自是知慧之花、

第三十九冊　卷一一七

舜在牀琴

觀虞帝之在牀，入宮者何以爲情也。夫琴固舜之所彈也，乃儼在牀琴焉，聞其聲者何以爲情耶。且舜歌南風而彈五絃，象聞之謀欲得琴，故有浚井之事。抑知天生聖人，因使之儼然在也。象不且失望於琴乎。如象往舜宮爲何如。蓋以舜不在久矣。然舜雖不在，尚有九男二嫂在焉，豈得分其所有也哉。而象不顧也。若曰：今而後可以取都君之物矣。然都君在時，嘗在牀彈琴，固一世之雄也，而今竟安在哉。繼自今琴歸諸朕矣。乃忽焉門以內之聲，有悠然不盡之韻，非琴聲也與哉。胡爲乎來也。意者九男在內，肅歌寄傲，故有此聲乎。意者二嫂在旁鼓琴鼓琴故有此赧乎抑意都君之左右如怨如慕如泣如訴一彈再鼓故有此赧乎于是聽之恐失其真也徐而聆之果琴聲也未幾入宮見之儼然一舜在牀琴也噫異矣其果都君耶其非也抑見之失其真耶异矣果都君矣是豈在井者一舜而在牀者又一舜何其奇也奇則奇于經雷雨而不迷者亦入水而不渝矣今而後都君果無恙矣琴赧已自若矣即牛羊倉廩父母且失所望其將何以對在牀之都君耶奇則奇于火烈既不能焚之于前而水亦不能溺之于後也今而後都君已如故矣操縵已在牀矣即干戈弓矢雖歷我思存聞是赧也得毋怩乎然則斯時也象縱有琴恐彈之亦不成聲

也。至若舜之餘音嫋嫋。不絕如縷。以為解慍之詠可也。以為阜財之樂亦可也。而象何以為情乎。

寫、從琴朕二字鬬合本題巧妙絕倫

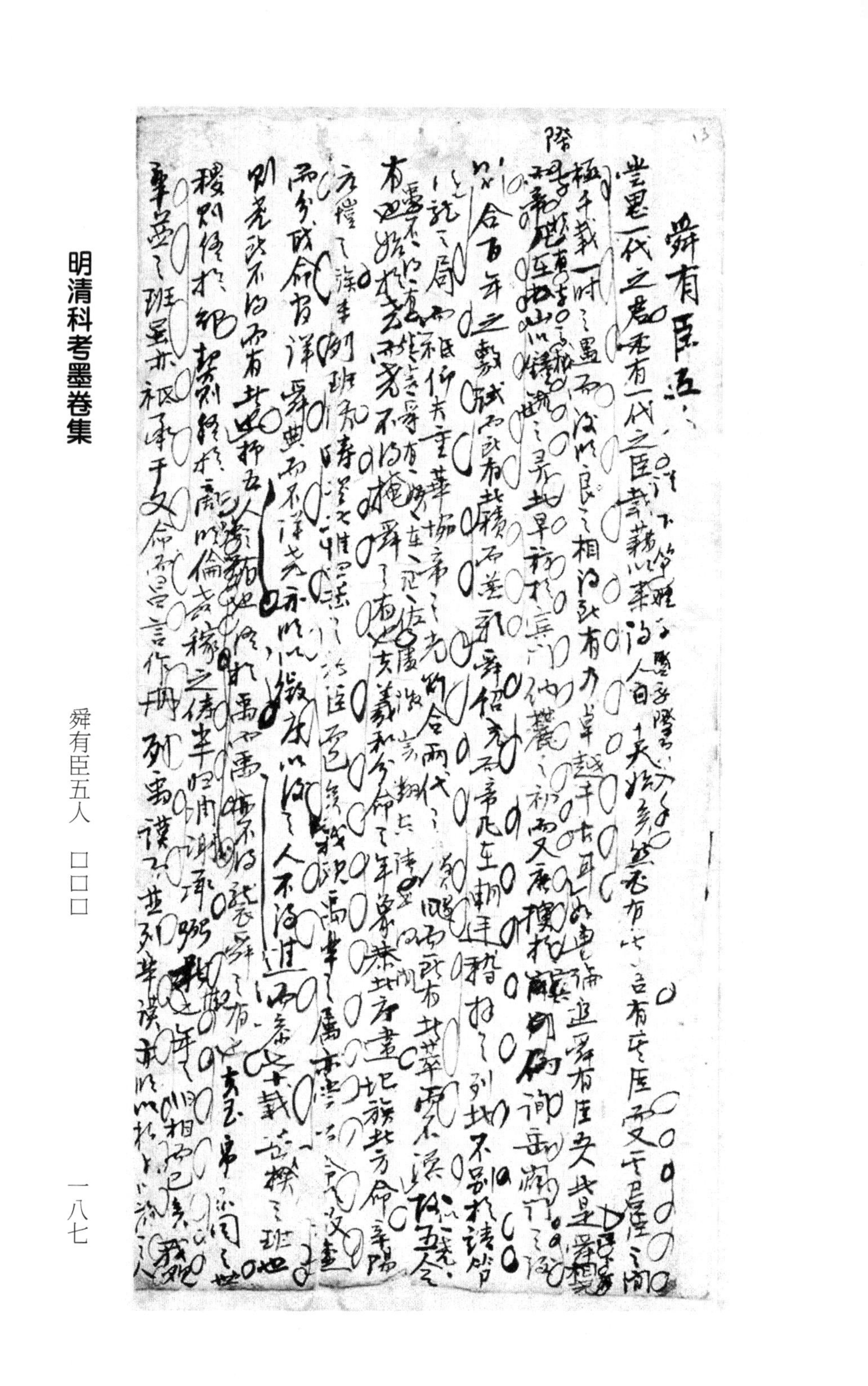

舜有臣五人

[illegible]

豈不遇而居要亦臣鄰之佐則卑亦不得而有者矣此五人之有不能[illegible]

業政多俊彥而其[illegible]元元[illegible]之[illegible]山林亦有英[illegible]而業[illegible]不[illegible]

翼為之佐則[illegible]人[illegible]之[illegible]亦良臣作[illegible]其[illegible]

[illegible]刑而不列[illegible]以[illegible]此五人[illegible]

[illegible]人之有[illegible]不[illegible]一[illegible]而[illegible]高[illegible]父而[illegible]子[illegible]亦[illegible]

敬[illegible]而錄之[illegible]則帝世之[illegible]人[illegible]漢而[illegible]人[illegible]言文[illegible]

[illegible]人更不[illegible]子[illegible]之同則均此五人而[illegible]時[illegible]之[illegible]

吾今而知有壽司　天下之治有由來也

此二十年前所為諸生時課徒改筆也東麓世兄形容[illegible]錄之以[illegible]

前日與諸[illegible]或尚有苟而荒之以求改云爾

舜有臣五人　全章

戴學院科試仙游縣學一等第四名　黃春芳

有才而優有德周之所以可比于唐虞也夫自古以來惟唐虞之才德爲極其盛也而周之才次之周之德亦可謂至焉周不真可比于虞而無愧乎且自古以才盛衰之故原出于天而至于心術純雜之際則實係于人然天不可知而人則有可自全論者往往以征誅之不如揖讓而輒爲成周之諸臣謙殊不知在天之不可知者周實有可共知而在人之有可自全者周早已得其全則以擬于重華之世而又何多讓焉夫千載之上有虞千載之下有周虞以垂裳而繼治周以干戈而繼亂周之才與德即遠不逮虞亦天也非人也周之所無

可如何者也乃由今觀之虞之治天下治也以有臣五人周之治天下亂也亦以有臣十人相提而論周之與虞不誠並比而益敵哉乃孔子曰才難何也難莫難夫才之産也由于天人不可自必人之所爲也人其能必天之所爲乎人可以自勵人之所致也人其能強天之所致乎莫之爲而爲莫之致而致者天也天爲虞而一發其菁華天爲周而再洩其靈秘難也天爲周而多儲其奇傑天爲周而多吝其成數難也夫子于此嘆蓋爲周惜重爲周奇也然而奇且不止此十人非所稱戡亂之臣予當獨夫殲濁之時誓師渡河相其主而以臣伐君非十人乎則此十人爲武見才即爲武掩德也夫子何以稱之哉

而夫子之所稱者則以周有才而政未嘗無德也我思三分有二之秋天下已畔商而歸乎周矣而獨有一人焉能守臣子之素而安服事之常忠貞之志人所欲為而卒得為焉十人不敢為之生事也純一之誠人所欲致而卒得致焉十人未敢為之逞志也此其德何如德而謂周與虞相較以視揖讓之雅不有重光也哉揔之虞值大明開泰之時而三代之祖萃于一朝其得天也厚周值太和流美之日而十亂之臣集于一時其得天也亦不為獨薄虞值君臣一德之時而受終之際而揖遜雍容其盡人也至周值君民離散之日而天澤之誼侯服終守其盡人也亦非所易及維我夫子所以為之仰慕成周不置論

舜有臣五人　子曰禹　　黃國華

扼定首尾　獨見手眼

紀虞廷之賢佐宅百揆者其首著也夫舜有五臣而天下治才與德周堪比隆禹非其首著乎宜夫子思及之且人才有蔚起之隆斯寰宇播昌平之盛而洚洞有安瀾之慶則玄圭顯首著之功緬中天之景運師濟一堂才德堪比隆于昭代乃始而宅百揆繼而受帝禪盛德又有獨隆儒者居今日而盱衡前古有令人流連企慕而不置焉

提禹出無痕

昔者虞廷端拱一時君明臣良四方從欲風動而大禹陳謨猶儆克艱厥后克艱厥臣之誡則知當日之良佐尚之尤大彰明較著者也顧盈廷拜稽罔非本前朝之比肩事主而左右贊襄適皆天篤生之

以挽上作結
仍归為身上
妙不可言

再收二比文
氣方足

任。忝五臣以夾輔。六府允治。萬世永賴。才獨著焉。禹沒有虞之禪。繼帝世而為王。文命誕敷。祗台德先。德何隆哉。禹之才德不駕出四人上乎。天下之治。謂五人共輔其治也。可即謂禹一人獨致其治也。亦無不可。要之天地有鄭隆之運。菁華有洩越之期。故為君為相。致治撥亂。才德萃於一堂。誠古今不易得之遭逢。乃水土有平成之績。聲有四訖之休。即帝降而王。天下為家。而功業昭於天壤。亦古今所難得之聖君。緬彼虞廷。師師濟濟。後世莫及。迨我有周。亂臣有十。才之盛。德之至。唐虞之後。周未有堪儷者也。

搭題每於難中見巧。窮後見工。文雖歸重頭尾。而仍

不失聖人尚論周才周德之意。其間輕重詳略。極其整齊。次第承接又極自然。不徒以矩法擅長。才情見美也。昆孫重

以禹對四臣句

萃美一堂才之盛德之至舜有五臣疇其極之夫懷襄為災實切儆
余之戒苟既河到澤不勝其任何以免昏墊之憂乃隨刊一施頓獲
播穀之休而數教明刑次第措行于以著熙皞之象天下之治何非
五人之力乎顧舜之天下賴五臣以治而武之有天下亦由十亂以
佐之觀其牧野陳兵誓師一言周之人才豈少遜唐虞乎然而稽武
猶參陰教才實難矣邁與見非義士德未至乎不知文德恪謹
為臣止敬三分雖云有二天王猶稟聖明何異舜之南河禹之
陽城之避才於斯盛德於斯至曠千百載而堪與唐虞並焉此夫
子所以惓惓於我周也乃又不能忘情於禹者曰故禹居司空之

顧祖補縫
非若手不能

舜有臣五人而天下治　　盧之玫

治必得人而帝臣已絕千古矣夫有五臣者不自舜始而繼之者惟舜此有虞之天下所以治也五人何卑哉臣五人者何卑哉且吾觀依古以來凡天下之將治也必有人焉輔之此論世者所以望輔治之人大有關于主治之人也殉輔治之人非其時不能有即間有之而人非千古不再見之人則治亦非千古不再見之治若舜之天下則不能當日承堯之業居堯之位此時之天下稱極治矣頗天下之治非天下自治也天下之大害不除則不治而大害之難除孰難于舜之時者乃舜之時已無不除之害而天下治天下之大利不興則

不治而大利之難興孰難于舜之世者乃舜之世已無不興之利而
天下治嗚呼是豈舜一人之力與禹稷其時蓋有五人焉以昔之（玲瓏飛舞）
宥而歌拜一堂者忽焉北面趋承乎其下而五人曾不以為嫌況羣（都吁之際一字揣摩一語不苟妥也）
之師濟而共戴一帝者忽焉南面端拱乎其上而在舜亦曾不以為
亢故自攝位以來已致核山濬川之績嗣是而農官播穀司徒敷教
凡為天下去其害者必終之以士師之明允而後舉前此氣化未平
之天下于是乎悉去其蠱抑自受終以還猶賡同寅協恭之誼嗣是
而復教並降民物咸理凡為天下致其利者必先之以宅揆之明德
而後舉後此禮樂日興之天下于是乎遂開其泰蓋惟舜寔有協帝（越精鋒愈出）

之美故五人之有于舜不啻其有于禹而蛇龍水火不擾燕已之神明抑惟五人實有一德之休故舜之快意于此五人無異堯之快意于此五人雖誅殛放流無攝聖人之雍動元首明哉股肱良哉天爲天下而生舜并爲舜之天下而生五人即分之已爲三代之祖而合之乃成一世之奇庶績熙哉庶事康哉舜爲天下而得五臣乃天已先爲紹堯之天下而生五臣即散之無非命世之材而聚之特創開天之業噫豈非千載一時哉後千餘年乃有武王之事

已有盛字臚羅筆端

緊照際字盛字立論才難一嘆妙在言中精彩煥發音節遒峻不

子稱亞與叔文字如千兵萬馬飽滿充腹者此足當之

舜有臣五人　全章

戴□□考

成周比盛於唐虞、衡才而因及夫德焉、甚矣才之難也、五臣十亂、從古如斯、抑知周自文王、德□惟于揖讓哉、且古以來嘆才難矣、聖人治天下、其輔治也以其□□、其戡亂也本夫德、上稽帝□、有斷斷其不乘論古無詞、職云帝升王降、宜乎夫子□□□有□□、感而言也、曷言之、天地之生才有數、古今之至德難其、有虞紹美陶、唐虞王跡適文考、才莫倫焉、德莫隆焉、至矣盛矣、□□□□夫孔子於此望古遙集、慨然于才難之語、抑獨何哉、記者為標下也、時則□□、□□、遹追我周、其清四海也、時則有若十亂、才業

先從言語提出主腦已得
洋洋灑灑金句
老横無比
不□□□□

有〻手 一氣貫注 盤旋有舉重若輕之妙 色襃齒密 清出尚論 大旨論古有

嘆振古〻而上其然乎靈其然向使虞不際唐周之才難
夏商之難以其盛哉猶且九人治外邑姜治內則信乎才
況〻文王我師姬公致嘆磻溪釣叟載以後車周徵之詳獻
謀三分難以有二才之難也其能如斯應講爲伯盛乎德之盛也其能如斯
之至乎惟我孔子因論周才而悠然于文王之德其月也化
為王者化詩仍諸侯之德至矣哉猗歟盛歟唐虞〻君
有父子人但知周之興也多而不知周之王也由至德人但知
舜之輔治五臣皆聖德以傳不知武之戡亂也戡亂皆德所致
人但〻義域樸文王之作人早已肇基于〻〻不不知〻〻仁

識筆蒼老
說如駿馬下
坂如神龍掉尾

咸周文王之至德謂民讓美于唐虞孔子論周才之美於盛于初之辭
而追思于有周之德其旨微矣

贊文既武固非
帝升王降又不負手以之
周於夏商間有進於唐虞之壽矣夫子書時
懷尚論及此因才及德已隱見才德之相懸矣
虞周若出一轍記者所以特標兩言章首也
此旨無人揭出又弱筆類蕭疏樹
成
臣

老叔祖大人非步於一讓已卓出冠元末後稽山大旨
雄深密中間都無懈可擊視彼[illegible]
肥筆識足壓倒一軍
門姪孫[illegible]識

舜其大孝也與　一章　金聲

以大孝觀天人可反覆而明其故焉夫舜非以福事其親而大孝格天則遠邇高卑之一致亦有昭然者矣盖聞道莫大於順父母而誠莫彰於動鬼神斯亦宇宙之至庸至奇也天人上下之際大聖人之陟降而酬對者世俗人弗能見也故德行之本反以為無足述而有赫之帝遂以為不可知一粤稽上古有大聖人焉邀天之福無所不備知積舜也者斯亦奇矣予嘗稱之矣姑以是為舜之大孝云爾以是數者與其自有之德並數焉共成其大孝云爾以舜之德未足以孝也必天子四海子孫宗廟而始備焉無以處夫

透脫○妙○入○神○解
○竟起○全○勢
之○以○極○其○至○盡○且○相○激○發
敵○穩○註○出○斥○行○之○常○推
只是借○慶舜起棄使○得撒手神○矣
○故作淺率領起
下二比○設難正為故字擊集其勢

聖人而不爲天子者也。抑何其視德太少也。以舜之德既足以孝
矣何取必於尊富饗保旦暮不可致者爲亦有以解夫天子而不
爲聖人者也然何其視天太主也蓋縱觀天下之故有不可必
（轉関）（四段字一筆全提二十分胆識）
不可必不必在天也一身之彝倫日用而有莫能自存者即舜不
（以下絶跡飛行更無界畫矣）
亦抱終身憂矣有可必可必則豈獨在人也皇天之祿位名壽而
有取之若寄者即舜豈不若固有之乎物之得天之實能生天之
（只一滚去）
萬物之實可因天之生民人也與其生君子無異也而宜之者異
矣即其嘉樂而憲之也其於人情非遠人也而受於天者亦遂不
（虞周都借作影子只得手拈來）
遠矣有虞以來于周爲盛周之盛也世德作求以孝與也卜世卜

曆天所命也。嘉樂之歌。以四海而奉一天子。以子孫而世守其宗

以上二百字作一氣讀至末方歇一筆兜結而前益崇自相激盪

廟大德受命蓋若是其大彰明較著者也。而論者或猶以是爲適

拍入中方引言之意敘字正須員光

然豈不惑哉。君子以是知達天之學也。玄德升聞於昭在上。與夫

下學上達知我其天者。其於天也。莫不肾父母事而呼吸通也。何

聞焉。栽培傾覆物能以其氣候與天接而遠適高卑人反不能以

其性情與天應何耶。

故字餘音

聖人多矣獨舉一舜蓋從古得天下之奇者無如舜所以見天

之可必而德之不可不至也作文不必苦粘舜身引詩一段嘉

樂天申上自帝王下達士庶無所不可此見詩之活潑亦見古

人說得妙悟處被正希看破而行文離合斷續若有若無真是
神品
愚謂儲評猶只見得下一截耳渠鄧身題上直將全部中庸心
凝形釋默與題會尤在四個故字着精神○艾評自妙學者讀
此文但當默會于形神之表不必兩相牽合

戊寅

○、猶益之於夏伊尹之於殷也

以夏殷例周、正欲以周例夏也、夫益尹之事彰彰矣、乃周公猶是不能于以例夏殷、且自古惟舜禹以為相與○嗣、此、而、夏、則、不、然○嗣、此、而、殷、又、不、然○則、嗣、此、而、周○亦、即、以、夏、殷、之、事、定、之○說在周公之不有天下是已、或曰、周公何以不有天下○彼盤人為相○雖代不乏人○曾闕其於君有兄弟之情乎○曾闕其於國有終及之義乎○若然則似益伊尹之不有天下○猶可無疑○而獨不能並遜于周公○抑知其間、亦、有、天、焉○故○以○益○視○尹○既○兩○人○而○同○揆○以○益○尹○視○周○公○又○曠○世○而○相○符○夏之相者益○益之德、無、殊、周、公○乃啓也克紹文風○天遂不忍因益以廢啓○成王者○周○公○之○啓○也○豈○其○天○心○之○遷○移○耶○殷之相者尹○尹之德○蔚、然、比、益○後、從、此、公○乃太甲能繩祖武○天自不忍因尹以廢太甲成王有周公之心甲也遂其天命之概改[illegible]夫稽益之事謂猶周公有莫如益矣然不獨益也且有尹也則天之置周公者非無因稽伊尹之事謂猶周公有莫如尹矣而不惟尹也必有益也則天之待周公者非特創益由前而論益之所遇始進其變伊尹周公實概之于益之中由後而論周公之所遇已習為常益與伊尹若預為周公之証知周公無知益矣余何以德衰為疑耶

童子六七人浴乎沂

管象珽

少與長俱興偶寄於浴矣夫童子之可與無異於冠者也沂可浴則浴之又何所擇于地耶點意謂點何擇哉斯人可與適舉焉而益廣其群即事可欣偶涉焉而已鳴其豫鼓篋肆雅之暇其以聚為樂者正何必不問諸水濱也今日者春辰未逝春服既成點與冠者將以遨而以遊焉即此五六人夫亦不患其孤矣雖然選群於洙泗之濱固知成人有造而動聽于滄浪之詠寧謂童子何知則亦継冠者而及童子焉可謂童子之少年自喜不無佻達之風而非盡此也謂童子之天懷當臚不乏英名之侶而何容心也維此莫春之樂非點所能

私亦非冠者所能私則童子之可偕亦猶冠者而已而六七人之不爲多亦猶五六人之不爲少而已且彼冠者又孰非自童子始哉而閲歲生人閲人成歲所稱童子者未幾見兮突而弁兮亦依然一冠者矣蓋天地之化往不可留來無所播觀之童子是一逝者機也乃撫此芳齡之未晏既益愛我春華而念彼勝地之匯遥於焉志在流水則見夫春水方生一望焉而正多瀰漫之致者其沂耶而予情欲寄臨流焉而忽興盥濯之思者則浴乎沂耶沉淵歟點固等諸小水之無心也彈冠歟振衣歟點寧付諸流水之無情也而若彼童子者乃亦濯纓於斯濯足於斯而流連于無盡焉沂之外洵許且樂與點

童子六七人浴乎沂　管象珽

乎在商雖不能誦言無說而示我周行猶怵怵于下也如此商之愚也
子之智心固無所開明乃以今之見以昔之聞理則有可持照商其敬
爲吾友告乎虛、

虛冒語發出如許至實之理止是見處高。爲憂思人[illegible]釋易落曠
達家語照下二語已走入二氏解脫法門矣看子夏急下君子敬而
無失二句方見死生二句不是付之數命者此所謂知命立命也行
文能見到此故極淋漓感慨都是聖賢甲裡不竄入才士懷情英雄
意氣中事　呂晚村

籠下立義卻根上憂無兄弟說來中股貼憂字後股貼憂兄弟俱
紐合在聞字上發出實理絕無一語犯實股末又俱以聞字收住

扣題亦自有法○後○在兄弟幾論却就商設身處地含蓄下意故不犯實

遊於聖人之門者難為臣　蔡士達　龍溪

聆聖訓者斂群臣、、可以見聖道之大也、、蓋聖人未嘗以臣難天下也、乃遊於
其門者、、自見其難、、不可以徵聖道之大乎、、且自世有聖人而天下於是乎有
臣之固、自聖人而立、世有聖人而天下於是乎多臣之實、以聖人而窮所則
聖人未嘗以臣屈天下之臣、亦猶夫海未嘗以水屈天下之水、海未嘗屈
天下之水、故不擇細流、能成其深、而不聞致誚於防川、聖人未嘗屈天下之
臣、故不息群喙、能成其大、而不聞取譏其防口、臣亦何難之有、然茲特
未遊於聖人之門焉耳、未遊於其門、覺諸子百家亦得以爭鳴於斯者
遊於其門、覺方臣都(?)諸亦得以鼓舞於一時、一自與聆乎詩書禮樂之

奇每等論諸子百家不得以等務之談雜陳於側即供風標詞令之品
殊出一言以贊其高深亦覺擬議之等從抑胥與聞乎道德仁義之
訓無論方言鄙語不得以妄誕之說後跨於前即供素嫻應對之才
殊進一言以揭其蘊美亦覺形容之莫罄是殆緘其口使不得啟言也
蓋屋之深群之淺佩乎其深者不覺淺焉者之淺而寡味也而乃殊
詡之然以爭鳴於始者是何異行潦之與海若等觀也耶亦欲掩其之儀
不得伸也蓋屋之全群之偏酌乎其全胥覺偏焉者之畢之不足道也而及殊
紛之然以數置於一時又何異沼沚之與汪洋較量也耶乃知執拘墟之見者
語於廣大之觀徇一時端之論者亦無當於精微之奧盡一以無知其大又當以求其本矣

尊德樂義則可以囂囂矣　陳時行

原所以囂囂者德義之徵也夫德義根于心也尊焉樂焉安往而不
囂囂者哉且人世一惕厲之區也何在有寬然之一日哉而詎知寬
然者不在世而在心心有所不敢忽忘彌歛者氣彌舒心有所不能
忘中自適者外自曠固可想像而見也予闡所以囂囂乎情也而性
其焉任一身之優游原自非縱其情于王公大人之前也夫固取之
恒性而無所虧勢也而理馭焉本一心之暢適亦非盡忘其勢于崇
高貴顯之途也夫固衷之至理而定有可恃言有德也其尊在是言
有義也其樂在是德秉于天天之所以予吾則奉之持一無歉吾心

之天即無歉在天之天也夫至無對者莫如天而吾之對德也旦明之時無非對越隱微之地皆爲陟降則宇宙不爲大吾心不爲小也浩浩乎自覺其常充也已義切于人人之所由吾則爰之嗜之能立乎人之道即可屆乎人之權也夫至難盡者莫如人而吾之樂義也食息之間無非旨趣官骸之内各有真機則在人不見其有餘在我不見其不足也蕩蕩乎適見其泰然也已則可以翼翼矣徒存一貧賤驕人之態其所謂翼翼者有虛聲而無實行而儒者無是心也民之秉也原爲皇之降尊所當尊而文緒有所不顧極之錫也即爲路之遵樂所當樂而膏粱有所不暴翼翼然行吾素也順吾常也而彝

梁楚蔡之區自覺攸往而咸宜不禁有抵掌而談之勢其所謂囂囂者有事功而無性術而吾人無是學也默而成之不言而信尊吾之德而人爵之榮奚足以尚之時而措之旁行不流樂吾之義而外物之誘奚足以奪之囂囂然仰無愧也俯無怍也而衣冠謦欬之間何弗從容而自得此士之所以囂囂也又何論其為窮為達者哉

道也者不　二節　王步青

知道之切於人則體道不容不密矣益人、離道以不知道不可離也觀君子體道之功之密豈無故而為是敬慎哉且自天地生人而後而道已盡屬、人心其存也心與之為凝其忘也心捨之以隮排擠之至密其遠道必遠矣今夫道帝降之衷也民秉之彝也溯其由來則繼之者善成之者聖性本然之理固體物而不遺言其功用則修之者吉悖之者凶理亂之機不移時而立判吾豈統而計之蓋不可須臾離也而謂可離者之猶得為道乎是故君子之心無內無外必聯有存也而敬以直內則所以存之者確一動一靜罔息有養也則而靜以立極則所以養之者純蓋雖其所不睹猶祇〻乎其戒懼其所不聞猶隙〻乎其恐懼況于其所睹聞哉不愧屋漏爲無忝存心養性爲匪懈事天之宻于斯爲極矣然而君子且尤有所慎焉是何也天下理欲之相倚每乘我于不及覺人心出入之交錯心力圖于所未形則毋謂隱可忽也心之常明見莫見乎隱也毋謂微可略也心之常覺顯莫顯乎微也故君子敬以直內矣而由內之外則于義不可以不精靜以立極則而由靜之動則其機不可以不察豈曰吾所獨睹獨聞也而遂不之慎哉懲忿窒慾以修身遷善寡過以崇德天人之介于茲益密

不然者。須臾離道。天命之本然。茫乎不可識。而睹聞伊始。如無所
與于其心。是即小人之歸也。而于道中之體用何有。

潔淨精微。得中庸之義疏

道並行而不相悖

譚元春

觀於並行者、而知有主乎行者也、夫並行者、相悖之端也、而道之在天地者不然、豈無所以主之者、且夫仲尼以語默進退為道、而天地以四時日月為道、使節序不愆而晦明不可知、彼蒼蒼之者、其誰得而問之、而道則錯行代明如斯矣、錯行雜出並者同至代者互更、並者齊耀、錯則不悖、代則不並矣、而何以謂之並行、且更其不悖哉、並者以其一往而一來、非若往而不來者也、而久則易至於相忌、忌則悖、不悖者即以其一往而一來、無礙於往而又來者也、而其妙正在於此、並之則行、我見夫春夏秋冬者亦世人定

之以爲春夏定之以爲秋冬而天地則實有所爲四序者以就夫（人乃似咳唾落九天隨風生珠玉）
世之所謂春夏秋冬而毫不見爽也彼其冥幻甚矣而令人得以
發端於始歸餘於終此非沍寒不奪酷暑之職成功不侵將来之（並行不悖道得融洽無痕）
權而何以若是之不爽矣我見夫晝夜者亦世人以其明為晝以
其晦為夜而天地則又有所謂兩曜者以界夫世之所謂晝夜而
毫不見欺也彼其高遠甚矣而令人得以土圭測之玉衡窺之此
非晦者不入朔者之限過者不予不及者之度而何以若是之無
欺矣故冬不如春生之箕月常減日照之半而猶以爲並者不得
移之彼於亦不得贏之於此也有時暑未去而寒即交有時日未

自設不出耳
入而月已生而不以爲悖者各有未竟之事各有將宣之令也若是者、吾以歸之大德小德焉而可以擬仲尼之大矣

題境實難繪畫有筆人只就眼前情景點綴數筆倡歎一番無限神奇都在裏許後生妙解此訣安得不心花瓣瓣開

墨一卓

勞之

余滙元

政在於勞民事舉矣夫勞在民而勞之者則在上民事不于是舉哉今夫國之有事屬之於民也而實操之自上故國家無百年無事之日而為政者不可一日有自逸之心吾告子以政豈弟先之已哉其一蓋又在勞之矣勞有存乎心者一日二日每時凛萬幾之惕是謂勞其神勞有徵於迹者宵衣旰食恒不怠待旦之勤是謂勞其形故第曰勞則僅聽民之自為而督已之情已迫必曰勞之則視乎上之有為而率作之原已端此而必問其何事當勞即不勞矣凡勞之在政也必無一成之規但使有心明作而一切因循息瘵之習胥捐庶

言短味長

績所以咸熙也此而不必復言所勞之事而勞已舉矣凡政之有勞也視乎主治之人苟稍存心退托而一切權宜苟且之術相嘗庶事所以廢墜也且人謂惰者不能勞吾謂銳者亦不能勞則擔荷之任不能不為由專其責矣人謂勞固所以策其惰吾謂勞正所以馴其銳則勤敏之況不能不望由習之素矣是故未嘗以不當勞而勞者自斂其精神勞能持其體而勞之義以精亦未嘗以當勞而不勞者自愛其才力勞不狃於苟安而勞之神以奮雖燮理者公孤佐治者庶職而引民事為君事則翼贊分任也況恭己者帝德無逸者王猷而本思艱以圖易則帝王并無歧趨也由其合勞於先而圖之哉

鍾鍊而出

勞之請益

政又不僅以勞見也則其請益也亦宜其善勞以繼先之後此不益之益也何間
政之子路乃復窮之然有所請也今使居上者不曉于閭閻之事親為勸課則雖
民行曉然修又安望其有益于政也哉若乃撫循不怠自當課督之維嚴而好大為
懷轉以有加而無已即此請質維嚴識者已知其意之多疏矣知子既以先之告
由夫由之以政請也誠能于小民之行以身先之其受益不已良多乎則凡羣黎
百姓幾務孔多即不必躬為考察此亦事之常而無足怪也乃子則又詔之曰勞
之民有其事民非不自勞也特恐無以激之則徒而無功者有之矣民有其事民
又安能盡勞也何幸有以導之則勤而或怠者又誰乎然則勞民之事即繼于先
民之行為政之道不且攄之而無可攄即益之而亦無可益乎古王者之立政也
正德之後繼以厚生立教之餘端歸攝養由果有意于政乎固不得舍先而獨言
勞也更不得舍先勞而別求于先勞之外也而乃又有所請也何居使其有待于
請也則言先固足立政之極也而先之之外當不獨一勞其無待于請也則言勞

又足以見政之　必而勞之之外又若何可益而吾于是有以窺子路之意矣以為勞固為政之大端也則以勞繼先之後教養固見兼隆而政豈勞與先所能盡則以先勞立為政之方者作用猶虞未備此子路請益意也夫子路曾于先之加之意復于勞之亦加之意乎

勞有別乎先而見者司會持籌無與太史陳風之事司農勸稼何関遒人狥路之規而治法所要不以既先而勞或貸斯醇備可臻正非過于求詳之說勞有即于先而著者元日親推遂為教孝之所寓上庠執醑即為教讓之所由而治理所徵正以能勞而先益備將遠大為期誰或猶存見少之思

富而無驕何如子曰可也未若貧而樂

驕與諂而俱泯、聖人先爲貧進一境焉、蓋無驕以處富猶之無諂者之皆爲可也夫子欲有以進之、盍即貧而樂者先見其未若耶、且人以於而豐履厚之餘侈然恣肆則雖耿介自持亦安望其由此以進而能忘乎境之淡哉乃撫饒裕而不淫既覺有心以遁叩而盼窮愁而自得何妨先舉以相衡此以知處順固宜無慢于人處逆尤必自慊于己也如子貢既言貧而無諂已、今夫聖門中所推安貧者莫回若耳憶昔屢空之日簞瓢陋巷不改其樂以子貢之資財生殖雖未敢同謂遷若夫回而弟即里居不形亦見撝持之固然不足猶易於損而有餘最難防閑此子貢於處貧外而更思于處富豐亨其足樂哉而間之境遇從未有若此之安電之者誰能歛然自退乎以觀若人非惟驕之容不敢顯露於外即驕之意並不敢稍萌于中是雖有無諂者于此彼既不屈于貧此亦弗恃其富也豫順其堪樂哉人生之福澤亦未有若此之厚際此者孰怡然自歛乎以觀若人微特望之外驕之態固已胥融即覘其中驕之端亦必盡絕是雖有守貧者于此彼既不因貧而思夫諂此亦不緣富而失之驕也問以何如而子許之曰可夫固可其無驕亦即可其無諂耳雖然即貧而論尤有進焉者蓋人有善

處順適之境既由淡漠自甘以無致則論每因而耳提故殷然來
請之餘惟即修肆不生堪與乞憐弗事者同以質諸師前而人當
含意嘉許之會苟無先啓一途以相策則情或安於中止故妙
乎欲辭之所盡即優游自得先為艱難困苦者進而廣其度量
不有貧而樂者乎以無諂者較之吾耶未耶樂則不為境所圍夫
苟圍乎其境則望寥落而生悲終難獲之若素耳茲也疏食可餐
曲肱可枕何往不堪自適此在無諂者固不如其志之逸即在無
驕者亦迥異其神之暇樂則不為欲所淆向使淆乎其欲則對困
窮而感慨未必處之若忘耳茲也飯糗茹草弗恤隨在皆可

自安此在無諂者固似其容之舒即往無驕者亦遠遜其心之忘夫子進之以樂如是則處貧可謂至矣縱令無驕者聞之不益恍然夫無諂之未若乎要之富無驕心而與空乏之而不求于人者同爲士儒之持守而貧無病意其能恬適而自得于己者已見聖人之思教合之富而好禮彼無驕者不又見其未若耶

運法周密布局大方穎脱奚疑

富而無驕　如磋

李禎

無驕者、又未若乎好禮貧而樂也、如磋、賦悟乎切磋之詩焉

更一境而猶有進焉、詩言可先述矣。夫無驕之未若好禮、猶之樂為

貧之進境也、切磋之詠、不有斷章可會者耶。今夫人涉世而學問生

焉、固非一境所能盡也。使履豐者僅奇其謙、而貴過當、幾乎化、則亦僅用乎此、而易之有當耳

又何以風人比類之端、旦今又偶舉之、而不禁情深乎其際耶。昔子

貢才優貨殖、蓋富者也。夫子嘗謂其悅不若已者、而勉之切磋以成

其德、一旦繼處貧者而以無驕問、毋亦其操術有素、不敢以富加人

乎。嗟乎、世以之富而驕者比比矣、豈其身居貧約、屈節下人、迨至處

豐席盈、而向之諂事人者、今且望人之諂矣、之不勝氣矜之陰交

游、僥首宗族親戚、莫敢仰視矣、富之誠、不以富益訊之也、求其

當此而深自貶損焉不與貧而無諂亦有守之士乱抑知古之
有貧而樂者詩曰衛門尚其志也詩曰十畝一節也至若昔之稱
富者國君之尊者騶乘三千之盛而猶且秉心塞淵布冠帛衣蕭然
若貧士所謂好禮者非耶夫子曰若者可若者未若誠不誣耳子貢
衛人富而多財宜其誦定之方中之詩擴然有會矣乃不謂偶爲念
及怨焉悟生因有取于淇澳之歌武公者豈以武公當日富擁千乘
而賓筵抑戒溫恭自持將以是爲不僅無驕而又好禮者耶然而意
不止此也詩詠之矣曰治物之方衆進而加密切磋其一端也治理
之事觸類而相長如切如磋其一解也夫誠知切之未若夫磋而寧
敢以其擧驕人乎乱子貢識念無驕之不足特且並思無諂之不足

富貴在天　有禮

歲考一　黃逢春

在天者不可必、君子亦惟修己以順之而已、蓋斗之憂惟不知夫在天者耳、誠由富貴觀之、曷不爲君子之自盡哉、且天下事無一而不主之天者也、天下事又無一而不操之己者也、惟主之天、故不齊之遇、君子安之、惟操之己、故身世之修、君子盡之、獨不觀夫富貴乎、夫天下之人、未有不欲富貴者也、即君子亦未必皆不富不貴者也、側陋而登庸、彼獨非君子乎、然而天定之矣、齊慄烝乂、此亦君子之得天者、素而非天之妄私君子者也、居攝而誕保、亦獨非君子乎、然而天命之矣、公孫碩膚、此即天之所以陰相乎君子、而非君子之能必之天者也蓋天下有富人貴人之天而必無皆富皆貴之天天欲哥人以富貴雖安命之君子有所不能辭天而不以富貴予人雖行險之小人有所不可倖吾之所關天下事大抵如此也是故以其在天而安之以其在天而俟之此亦君子之善承乎天者也冀倖之心君子固不出也而或以在天而有怠於己或以在天而有間於人則又非天之所以默啓乎君子者也固任之見君子亦不爲也蓋天下雖有不可必之天而未甞無可修之己此亦我得自盡之一術也君子何爲而不敬且天雖不能使人與我爲緣而未嘗不使人與我同體此亦我可自爲之一途也君子胡爲而弗恭且敬之而一時不憐

里天字順
帆千里

終身不改焉非邀天也亦以奉天而不違也且恭也而情生以文文以生情非求人也亦以事天而立命也故使敬焉恭焉而不可必之天忽而遂可必之天此亦聽天之自爲轉移也君子固無所庸心敬焉恭焉而在天者終於在天有命者終于有命則亦作一富貴觀也君子亦無所歸咎然而君子敬而無失矣與人恭而有禮矣在天者即不可必而兄弟之閒夫又何患乎

機法圓密都無半點時俗氣

滔滔清快奔放中有節制純如繫眉山之歌也

平學院科試一等第五名　李光宜謂中

寬裕溫柔足以有容也

容天下者必有仁之德而後足也夫含寬裕溫柔則無爲容之道耳審是則聖德之仁何疑其足
以有容哉今使聖人在上而其仁不足以及天下人將安賴而要以天下之人之衆皆包含於聖
人之一心而曾不患所含者之不足以相及則聖人之仁先有餘於此者也然則至聖之臨天下
豈不肯乎其有容哉容之則必天下小而我獨大量與之齊而欲出微陋之衆以相御則
處其下者將絜長較短紛然其不靖爲所以容之者無其本也容之則必天下暴而我獨
和脆心不能平而欲率凌厲之氣以相待則處其下者將情睽勢隔驚然其不服爲所
以容之者無其具也故莫不容於不寬不[illegible]而莫容於寬裕莫不容於不溫不柔而莫
容於溫柔矣之四者有各出以爲容焉有相濟以爲容焉苟言乎各出以爲容也夫不
忘則寬貴焉急迫不可以居衆則裕貴焉而且條刻非所以容物暴戾非所以容人

又何以予至聖不能使條方之屬悍鷙之儔不挾其才以抗衡乎我獨恃此寬裕
溫柔之各出者有以涵之乾吾父也坤吾母也衆兆矣天下之大莫不函覆於有容中者一何
足也吾言乎相濟以為容也浩大而加以寬裕則寬益為和厚而加以柔順則溫益至焉又
況寬裕而出於溫柔溫柔而出於寬裕則能不樂其大度乎至聖不能使含生之衆蕃世之
倫不恃其有以求合於我獨恃此寬裕溫柔之相濟者可以育之民吾胞也物吾與也衆兆矣天
下之大無不托命於有容中物又何足也原于天此人誰不具有容之德然或氣稟以拘之則
有難竟其一端者矣至聖之寬裕溫柔則純全於有生之始而涵養擴充以益植其容之體者
豈待道濟天下而始見哉思雖才之主亦嘗復有容之性然必務學以求之而已非出於自然者矣至
聖之寬裕溫柔則固有於成性之初而優游充長以益裕其容之用者即使仁未及物豈難信哉蓋
大和保合天道鼓物而無憂乾元長人聖德容保而無競配其所以可臨也而則其不止此乎

嫂溺則援之以手乎

設為不得不援之人為論禮者窮其說也夫有溺必援而無如其出於嫂也兢之設此以為論端意深哉且吾人秉一禮以持躬則凡畢生之所處者皆值其常而不際其變則夙稱守禮似亦無難處之事矣無何□家庭至誼之人而忽有迫于望救之念其間之援救與否亦甚費戕之躊躇再如男女授受不親夫子固以為禮已兢竊思之斯禮也無論天下之遵禮者處常者在其宜重即處變者亦所不輕也且勿計天下之循禮者處順不時于不測即處逆亦必守有于不失也無如天下事之未可以禁論也兢是以有嫂溺之一說夫嫂與哉固甚親也平時之引嫌則疑無庸或踰矣忽一旦有此陷溺之危者

即此素不通問之人也且嫂與兄又匹配者也夙昔之倫規猶義固為無懲矣乃一旦以素不通問之人而忽有此陷溺之危也斯時而欲不為之援則坐視不救恐或貽終身之憾斯時而欲即為之援則背禮而馳適以濟名教之窮且夫吾人一身固秉禮以出者也秉禮以出則凡平生之所處自有不可苟若安在其處急迫之時而倫常論非禮之懲者乎吾人平生人守禮以行者也守禮以行則偶爾之所涉亦有不可忽若安在其當禍變之臨而陷背禮之為者乎而御是意中雖絕我以綱常之經而目中則迫我以呼號之慘意中而欲為全禮之士而目中人值此難懇之人其援之手抑不援之初吾知乎此援亦悔不援亦悔何也夫禮所以別男女也一旦以援嫂

之故而棄禮則嫂得全而我雖免失義禮之譏倘當世之人執不親之禮以絕之而吾將何辭以謝之乎是援之而悔也抑禮所以嚴嫂叔也乃吾躬以守禮之故而廢嫂是吾以全吾禮而嫂不免于陷危之難爲庭闈伯氏執壎篪之誼以律之而吾又何辭以解之乎是不援之亦悔也爲秉禮者計其寧存禮抑寧援嫂乎夫子之衡斷當必有權決不使情禮有偏勝之虞其寧援嫂以去禮抑寧存禮以棄嫂乎夫子之論定當必有爲必不致恩義有相背之勢試以質之夫

撇翻有致題情詞旨安之皆新

階也

林文炳

聖人于樂官之所不見者、而有階也之詔焉、夫夫子不詔、冕何由知其為階也、詔之以階、聖人之心、不即此可見乎、聞之主人就東階、客就西階、由階而升、人人無不知也、無不知其為階、亦何煩講拾級之文哉、不知聖人之言、動于此而深、即一登進之間、々有可述而志者、一日師冕見而忽已及階已、冕司伶人之職、其升降之禮、必無隕越以貽羞、不幸而目無所見、跬步不能自致、倀倀焉、徘徊于欲及未及之際、冕已偏盲于視、其步趨之節、尤貴得人以指示、假使顚顚無所扶、進止不得自主、踧々焉、躊躇于將及已及之之間幸也有夫子詔之階也當其未至乎階也冕意中且遥擬一階焉以謂門以內必有階可升也不知夫子已在前矣惟是闇足音而人步亦步人趨亦趨遂知其為階也及其將至于階也冕意中猶謂遠于階安必門以內即有階可升耶不知夫子已面命矣惟是循其途而且行且止若前若却而明知其為階也向使夫子不詔冕亦循墻而走耳冕以知其為階也惟不知其為階故必為之多方指陳庶行歷階而進假使夫子不告冕於面墻而立耳何由知其為階也正不知其為階也故必為之委曲引導庶得由門而升亦始與論其歷階之後如何酬酢如何應對即予以階詔冕以

階進。在冕意中。謂吾雖盲。而舉止周以不異于人。亦勿論其升階之上。主酬、賓者、若、何。賓酬、主者、若、何。即至階而詔由階而登在冕心中。謂吾雖瞽。而動履因無失禮于主。是則冕盲于視。而不敢廢禮者。皆夫子有以詔之階也。

第三十九册　卷一一七

階也及席

江蘇學宗師歲入
嘉定縣學二名　朱春生

聖人詔師以階可進覲其即席爲夫子非詔以階冕固不知階之
及也迨由階而席不可更覲其所及乎今夫賓主相見之儀讓階
以升布席以待此其常也乃若盲於目者既不知歷階伊邇猶需
指引之詳亦何知前席匪遥能免踟躕之態則樂覲其不失足者
正難必其無怍容耳日者師冕來見而當及階吾夫子避席而起
降階而迎遜與冕升堂入席矣乎雖然未入席先登階安可不以
階詔之夫夫子爲魯大夫堂五尺階五級此不待詔而知者也第
階必自下而上失之急焉趾過高矣失之緩焉步幾窘矣使非有

明詔以階者則是何同堂有即席之歡曷獨有踰階之失而謂聖
心安乎否乎此乎所以由東階而趨至西階曰階也且夫階以下
趦趄不進之狀得夫子耳提面命忽然如顧以償自不患登堂之或
躑而階以上徬徨莫據之形在師冕欲即還離漠然不知所向或
復慮就席而無從闡之禮主人跪正席客跪撫席而辭客徹重席
主人固辭客踐席冕于此尚有待也蓋其所已知者階其所未知
若席將毋階前盈尺之地已克展其雍容而席間函丈之區轉不
勝其從倚乎斯時從旁微窺之又以為師冕及席云矣席之去階
無幾矣當躑躅階除不啻導以先路則彷彿席上似能得諸懸揣

獨是階有定者也。席無定者也。則由階而及席。冕豈遽知其席哉。遽知其席之及哉。何得既詔以階也。而遂聽諸。然則詔夫階也。子殆引而進之乎。主阼階以相接。唯恐顛躓之可虞。足之前也。何殊手之挈乎。抑其及夫席也。冕仍悵乎無之耳。虛一席以相須焉。靚左右之奚向。身將就也。其奈心相遠矣。追覌示以席也。亦猶階也。而冕乃得與衆賓列坐矣。

嶺蓀摛筆天然韶秀 原評

發育萬物

趙耀甲

即物以觀道，道已極其大矣，夫萬物不自為發育也，有發之育之者，道之用抑何大乎。今夫名不能悉，而總號之曰物，數不能紀，而總約之曰萬。（直擒萬物起）此亦極天下之至賾而不可勝窮，極天下之至繁而不可指數者矣。孰綱維是，而生生不已如此也；孰主宰是，而變化無窮若此也。嘗試仰觀俯察，而知物之生也，不外乎氣，而氣之行也，不離乎道。（恰合道字）無極之精，乘二五以迭運，形下以形上者而生；太和之精，順萬物而不妄，有形以無形者而立。何也？物之盈也，必屯，屯而無以發之，則險雜而生機不暢；物之生也，必蒙，蒙而無以發之，則草昧而生意不明道固無乎不發也物不可以終閟道乃為之洩其蘊而剖其緘物不可以終止道自無以韜其光而匿其采試觀品物之何以流形法象之何以昭著夫孰非道之發者機耶飛躍之情動動欲起觀上者固有閟而必先蟄藏之物隱隱昭宣觀下者亦無微而不著夫乃知萬物之出乎震齊乎巽而相見乎離者固莫非道之所發揚者也物之所也必稺稺而無以育之則夭札而其生不遂物之發也必微微而無以育之則蠱壞而其質不堅道固無乎不育也物不可以助長道乃為之寬其候以全其天物不可以揠揉道乃為之順其性以培其本試觀太和之何以保合性命之何以各正夫孰非道之育者機耶剛

大之體直以養之固不以栽培而廢乎傾覆柔脆之質徐以養之要不為戕賊而異其速成夫乃知萬物之役乎坤説乎兌而成言乎艮者固莫非道之所茂育者也蓋盈虛消息之常道不能有進而無退也乃縱觀乎發育之用雖空虛寥廓之境塵埃野馬皆發育所不遺屈伸往復之變道亦不能有升而無降也乃靜驗乎發育之機雖帀升王降之故運會循環皆發育所不息其峻也有不極于天者耶嗚乎何其大也

說理之文清徹足矣兼能行氣此為大家　朱山補

發強剛毅

沈　鑛

德有全乎義者唯至聖又有其能已盡義之德無可名即於發强剛毅名之至聖之能不更有可推耶且至聖之所以臨天下者必其合天下而裁制于一心者也心有內力全乎義而皆得其有為義有見端詳其德而要歸于無間何俟徵之外見之才猷哉即性体之堅貞有顯觀之而難磬者已如至聖之能容既於寬裕溫柔信之矣顧吾思之人之優容者或易流于縱弛若至聖以明作為惇大則振厲之氣咸本于內志之堅深而其振勵為何如也人之果銳者或偶形其奮迅若至聖以行德為貞固則制事之原悉具于淵泉之裁斷而其裁斷為何如也進而推之非發何以圖功乎非強何以集業乎非其体之剛而臨事何以不

播乎非其守之敎而秉志何以無斁乎則夫發也強也剛與毅也皆有臨者所務全之德也而至聖則無不全者吾見其奮發之情未驗于外也而先具於中則其德之無可抑者吾性中原有是震動之質也而惟至聖為能全震動于在中也已吾見其強立之槩未著于事也而先備于心則其德之無可撓者吾性中固有是神武之姿也而唯至聖為能具其神武于一心也已而純粹其或屈也耶至聖復有無容屈者剛克本于性成何其中堅而能斷也初未始自矜其雄略而由其体而見其能剛也有然而純粹其或息也耶至聖更有無容息者果毅原於天實何其凝固而不渝也亦未嘗自峻其矜持而由其守而見其能毅也又然然則分觀之而至聖有各至之体矣故見為發矣而又見為強見為剛

矣而又見爲毅其一能而無不能者固以徵其性量之優抑含蓄之而
至聖有兼至之美矣故發之所在而復濟之以強剛之所在而復持之
以毅其一能而有全能者更以信其猷爲之裕定以有執吾是以深思
至聖之能也

發憤忘食樂以忘憂　郎玉藩

有極不忘者自不覺多所忘矣夫憤也樂也誠于學而不忘耳而
食與憂自皆忘焉孰有如聖人之憤樂者乎夫子自述其為人曰
從矣夫予之能忘人之所不能忘也夫予也壹以求之有所甚
情之所嗜有所甚專入乎其中而循循不已俯仰身世其亦何境
之不能忘乎予之為人惟學焉而已此人從事于學所不知之有得
也不待乎而思憤也固也及乎用力之久而恍然有悟也亦有得之
而知樂也固也顧業已憤矣方且一念而恨望道之今見遙影一
念而嘆飽食之無時是何所憤之旋發而旋收也而吾之為人

爾也柳既已樂矣方與一念自幸一旦之貫通無轉一念
百端之交集是何所樂之少嘗而驟改也而予人又不爾
也女不嘗見時可以食而予不食乎是朽予發憤之[illegible]
之與道相求入乎其中而惶然惆悵甘夕而駭然而情以發矣
像乎其若將舒乎其若遂不懈愈縱矣當斯時也形不惜其為
疲神不惜其為瘁生平之志舍在[illegible]飽雖詢食吟園取斥不
遑暇矣女不嘗見境不堪憂而予不憂乎是固予自樂之時也
夫予之真積力久迎而距之而不雜乎心察之而皆醇而樂以
出矣有所思而若有以啓之有所行而若有以助之而樂彌出

矣當斯時也何所求而不獲何所欲而不遂名教之中原自有樂地憂從中來困于所可斷絶也方且念及于樂而不覺憤轉生追憶夫未得之憤而隨覺樂又生為憤為樂從此相形于前後而初非有別務之分其所為方且此一為憤甫興彼之為憤復起此之為樂甫甚而彼之為樂復生一憤一樂日循環于吾身而更非有俗情追乎其内豈惟食與憂哉予殆是終老矣

前輩劉公同升作苦心孤詣予以比詩中之賈長江若此作朴中帶雋則致味又絶類姚秘監王司馬也　此眺

發憤忘食 三句

庚午順天 馬國果 元

聖人自明其素、終身一學中人也、蓋人之爲學、無出憤樂兩端者、忘食忘憂以忘老、聖人豈雖知哉、若曰、以我之硜々窮年也。不知。者。溺其疑知。我者。踰其寔。終不。若吾。自見。吾也。蓋情性有獨注之處。貴挾專力以相營。身境皆可淡之途。無復他端以相擾。功則與年俱進。忘豈既耄而衰。此固吾所差堪自白耳。吾今者。亦漸老矣。而爲人之寔。果安在哉。理道愈引而愈出。特慮名理如迎。我懷如距。則情不屬。者趣不永。或半途而息。中道之肩。願力彌用則彌生。時患道味日淡。世味日濃。則見乎與者。輒思遷至未路。而無收功。

之。候。而吾不敢出此也。嘗于未得而發憤矣。已得而樂爲矣。如其
而忘食。以樂爲
候以相報。而情不自知。俱有莫致莫爲之故。抑發憤而忘憂矣。極
其分以相深。而情不自禁。亦具有莫殫莫究之思。則且分其境。而
互考之。合其境。而遞程之意念皆失所憑依。或且以無窮之嗜慾
消磨有用之居諸。而憤與樂之各見者。殊無留餘之念也。故當其
刻勵。罔計。後此之可娛。及其歡欣。莫憶從前之攻苦。境分而心與
俱分。而流光。荏苒。憤。樂。中初無餘量。以相及。學問時形其斷續。或
且以雜感之紛紜。耗廢有窮之歲月。而憤與樂之相循者。更無中
輟之期也。故因。無以得。有。而畢。生。皆鼓。舞。之機。舍。舊。以圖。新。而終。

身皆黽皇之日境續而心與俱續而就將罔懈憤樂外更無餘暇以相償夫不已老之將至乎而又何知乎瀰心迹於晨曦依々如前日事耳使不求我於半生勤苦之中安得我藏身之固也疇昔之託業原非立異于人而黽勉之懷來祇期自信於己夫豈必欲與知者言乎嘆精神之磨耗忽々已至於今矣惟索我於甘苦親嘗之地乃得吾終老之業耳年華已邁既好修以為常而去日苦多終不改乎此度夫豈不足為外人道乎而女奚不對焉也

淳意清音抹倒無數繁纖鑿太虛而噭万籟神致獨在秋毫巔

瑟兮僩兮者恂慄也　王家中式

嚴

之千詩之言瑟僩者可見得止〃〃也夫詩言瑟僩不嘗明言恂慄也
乃本詩而如遇其心焉不可見其得止於中〃傳者亦謂君子自知
多以求〃矣不敢自信於心也豈內考神明遂謂寅畏之已在
哉然心以日欽而日密志以彌惕而彌深鳳人既傳其意於咏歎之
內吾黨得其旨於由繹之餘覺敬止之學猶僚〃其未遠也道學
自修君子之〃止者既如是矣當并大夫師長每共見其整而好學
之勤乃繼切磋而進形其宥密則或思或縱此意想非左監右史之
所能糾也終日精勝諷誦嘗親炙其側身修行之力乃進琢磨而微

窺其隱處則為敝為肆此心殆為臣僚朝卿所不及覺也而詩咏
之以瑟兮僩兮者則何以說夫瑟者一私不容之謂也君子之制欲
者甚嚴而存理者又甚密夕惕朝乾夫豈有一念偶疎者自崇吾深
沉之志氣僩者一息無間之謂也君子之克己也以剛而制私也以
毅夙祇夜惧豈猶有一刻稍弛者自肅吾戒慎之精神吾故為瑟兮
[illegible]解[illegible]恂慄也衎徠而不已者天乎昊天明而及爾出王
昊天旦而及爾游衍是人之所以聲天者上一敬而[illegible]矣君子之學
修既至密寤寐中常有無斁哉無斁寂然不動
念之不敢浮也感而遂通慄乎一情之不動長

圭璧之淵栗。當不僅戒白圭之玷。而時惕□□小心。亦君子之法天何以至此也。誠而無息者□乎□帝治者曰欽明。湯王休者曰執競。是人之所以學聖者。又惟敬而已矣。君子之學修在篤恂慄。情中所有惟翼惟康。無怠無荒之風夜孳焉有存恂乎無容以自逸也。息焉有養慄乎無容以自寧也。無競有覺之退藏矣。不徒在車馬戎兵之遠。而常存賓筵抑戒之先也。業業之深衆。非君子之希聖奚爲若此也。迄於今。君子往矣。而三復瑟僩之言。猶想見君子之恂慄。深有得於文王之家法。真足緝熙敬止之德也。此止之得於中也。而其得止於外者。又可就詩而更繹之矣。

遠之則有望 二句

極信從者之人心而遠近胥歸君子矣夫遠之近之人心似非一也而有望不厭如此

於以寡天下之過何有哉且君子攝天下之本於一身而幾輔不爲近薄海不爲遠

者皆所以屬其藐藐之業業之衆而措之天下而無憾蓋君子惟以人之心不求我所而遂使

億兆人之意中各有一君子也世道世法則既然矣王者之謨訓經綸足以脅後世之聽

聞而不足以飾當時之耳目則問俗採風其性情之際最易[illegible]之號令風聲

以集一時之權勢而不足以愜萬國之隱微則遠至邇安其感孚之原爲取以[illegible]遐

荒之地而不獲近我君子則遠之也遠之而求其近惟慮其不近不能不迫而爲望

矣夫人思其人而不得見則有翹企而願見之情思其地而不得至則有殤望之思
之意而遠君子者之慕義嚮風固如此矣彼夫遊聽之倫而輸誠於忠服致貢於言
者者非有道之明徵也哉生光宅之區而未嘗遠我君近之也近之而慮其遠也
其不遠以無有知而生厭者矣夫人聆一語而以為可喜別習聞於耳而不禁其雜遝睹
一事而以為可悅則習見於目而不覺其欲然而近君子者之食德飲和更何如矣彼夫
郊圻之衆戴德而媚一人稱觥而祝萬壽者孰非不厭之至情也哉五方語言嗜欲
各不相通有君子而自應其默喻之神遠之如畏近之如
口體之屬饜食而更無不足之思君子之檢身不及而納人心於主宰中也已矣尊道

愛戴豈有殊情有君子而羣黎其各致之忱遠之至於內嚮而悠然無非有望之所注近之
至於耕鑿相忘無非不厭之所泯一君子之顧畏民嵒而聚人心於法制中也已故君子
以三重寡天下之過也而遠近有不頌聲作者乎

遠之則有　不厭　莫魁士

君子寡民過，又徵之當時焉。蓋不於遠，厭生於近，以當時之過猶未寡也，曾是君子而然乎哉。曰：王天下者，本自以徵民所恃以息人世相見，罔不獨當時之天下矣。然道有與立，動有〻維，楨模〻〻，數代而自被者，反不生其厭焉。則是遊聽風聲者，未〻遠也。化〻者善者，未始於近也，吾將自其近以極之於遠，海門出之下，莫不有聖天子之心思，曰：庶幾其重元后哉。乃〻而〻，久之而歡然，即有望者，一如其無望也。夫望〻〻。歡〻負〻作於上。本知天以立極，四海頌同風焉。本知人以〻民萬

之衣冠瞻視亦最可親而情難於我甚乃光彼
圻之內何莫非相觀而化者而以言有望遂之吾更由其
以溯之於近咫尺承流之間莫不有聖天子之耳目曰庶幾其愛吾
王哉乃無端而使民情又無端而使民玩則厭所自來矣夫獸之
之心政無復塗上自斯君子立於上本知天以是訓是行闕巷中
書馬本知人以會極歸極華較奏章程馬王人赫聲濯靈風不靈
疊而況於我近者樹之型也豈云獸乎彼梯航之遙亦誰非職誠
後者而以言不厭近之則然一蓋其本諸身者甚命宥密恒先中外
而喻其精微而其徵諸民者淡若忘向自合彝倫而安于化理非君

予之寡民過何以得此於當時乎

英氣爽致古韻鏗鏘　本房

筆雄氣蒼而渾灑出之復古明府綸巾之致諸葛君真名士也

一望平蕪中忽覩此結構精工之筆若不細心讀取幾失之矣受

作諸選皆不載予予粵東郵筒得之真乃如獲異寶也

遠之則有望

庚午山東　刘苞麗

望郎法則之著也而遠者之過胥寡矣夫君子非求樹望于遠人而言行之所著不期而有為誰弗奉法則以寡過哉今夫遐方之樂被聲教也固謂幸遇傳聞而精神之鼓舞已有喜出望外者矣乃耳之所聆（清切）而神為之注神之所注而目為之凝則傳聞之餘更有皦然願見者其傾仰為彌切也世法世則君子之言行有然是其動而為道已統天下後世于靡遺此何俟廣覽蹤跡始信為無遠之弗届哉雖然身不依日月之光而九重萬里每懷帝闕而不見則王朝之坊表雖楙異地之瞻就無由亦未如何也豈盡遥企

聲靈而聳然動嚮風之慕目未覩藻火之容而八荒回域願頌中
國之有人苟大君之律度未符下土之訓行徒切亦兩相左也寧
必遐瞻而皐然深景仰之懷乃即遠以徵法則而知君子之言
行固著而為有望者將有望于帝謂之臨則山陬海澨咸聽聖謨
之孔彰焉正不待達之以擇人諭之以象胥而後知王言之大也
奉法者蓋不約而同矣夫懸書象魏寧特聞于有道之朝乃遠也
者之于君子偏若渙其汗號自成綸綍申其巽命獨播風聲即或
臨朝淵默而想望謦欬之悠然如接和鸞之響亦孰敢違法言以
取戾耶將有望于皇極之建則絕域殊方共凜天威之咫尺焉亦

不僅六飛之所蒞百族之祈祈而始欽玉獻之塞也順則者盖不
謀而合矣夫端拱垂裳寧獨見于有德之主乃遠者之于君子偏
若金玉可式王度自昭圭堪型令聞特著即使天不下堂階而聽
望手來者儼然如覿作睹之光亦孰敢悖懿行以自外耶且夫典
謨訓誥之書遠在數千載以前而誦讀者猶望方策而神往刻生
聖人之世而傾以僻處荒陬數德音之遐棄豈人情乎所以制器
尚象緬懷宏遠之模敦行學文翹首喬皇之詔雖在不毛窮髮何
嘗有殊俗異政之偶乖抑黃農虞夏之事遠在數百世以上而志
古者猶望芳躅而心馳刻在至德之朝而傾以畫分疆里怪錫極

之。不。數。豈。人。情。乎。所以車服器用。循軌物于深宮。秩序文章。習儀刑于聖主。極之。卉服。島夷。無。不。歸。一。道。同。風。之。致。治。入何論親炙休光者哉。

最可等金同於劉玉真為明清大了文

選

鼓瑟希鏗爾

瑟希而音猶留，有不同于乎爾者焉。夫鼓瑟何樂，狂者所有事也。及希而鏗爾，記者以為即此已不同于乎爾云。昔夫子嘗有言曰：由之瑟奚為於丘之門。誠以其聲之不和也。乃一日者，嘗賠對之下，有餘音嫋嫋歇止而仍留者。今人深想其雍雍和之致焉。如曾點既承夫子之問，意者直寫其胸懷之落落，翩翩于先生長者之前乎。否則默然爾無言，問者自問，聽者自聽，而置若罔聞乎。非也。蓋點斯時方鼓瑟而留心于管絃，有蕭然物外之思。此調孤鳴已足致人之繾綣，儔懷于琴書，有卓然不群之想。此音未歇已見動人之流連。乃無何而希矣。可鼓則鼓，而由寂吐響者時聞和平之聲；可希而由響歸寂者暫釋操縵之業。然而一聲再鼓之下渢渢移人音韻並不絕之如縷一唱三嘆之餘洋洋動聽者仍若有聲之可尋蓋鏗爾之于是希者有從容不迫之氣聽者亦應有纏綿不已之情韻以將遠而愈高希者有遊唱有餘之象聽者亦必有悠然不盡之懷音以欲離而彌永雖有撫時任事之願感慨不平而一聆其中和之音自不覺躁心以釋雖有立功建業之思激昂欲展而一挹其溫文之態自不覺壯志皆消噫瑟希而鏗爾若是其氣象抑何雍然由是舍瑟而作作而對其言詞抑何藹然記者詳誌之以為即此已不同乎率爾云

聖人之行　已矣。　辛卯

聖人自重其身不必其行之同也夫聖人未有不潔其身者也即其不同者而觀之亦豈有殊歸乎今使論聖人者徒泥其迹而不得其意之所存何足以知聖人哉夫聖人制行不必相師而要之於其用心則未嘗不如出一轍也。吾言尹之不辱己固已頗或則疑之曰夫猶是尹耳俄而有莘俄而阿衡即一人之身而判若兩途得毋其事之有可議乎噫是未取聖人之行而思之也吾嘗上下今古博覽聖人見夫歆衡泌者有人焉慶明良者又有人焉賦遯心者好爵者又有人焉或遠而或近也或去而或不去也自世俗觀之鮮不謂遠與去者是而近與不去者非矣而不知聖人之心原非也生平處世之大閑必以身爲準而夙昔立身之大節也時而遠也獨寐寤歌固不欲爲世所染即當其近也而萬鍾千駟之中依然淡泊寧靜之素蓋其志趣均可對天地焉時而去也不入不居固不欲以己豪坊即其不去也而致主澤民之業猶是秉禮度義之常蓋其品介與爭光日月焉是故立兩聖人于此々心此理彼我不必相謀要不以山林廊廟或藏汙行之躬立一聖人于此審時觀變先後不妨殊趨要不以砥行立名反遜鄉曲之士何也惟其爲聖人也而何獨疑於尹哉

聖人之於　其萃

聖亦猶夫人也以盡夫人者過人焉夫聖人寧必異人則其類也固宜而人既已爲聖則其出也更宜類于是出則萃于是拔聖人大抵如此孟子述有若尊孔子曰聖人之寔或未盡同而聖人之名莫不稱異然卒未聞離人而專以聖名者以是知有生之始固未嘗不可合視之而其後乃相分之遠也于焉卓然天地之間而奚目爲非常而不可幾者之民而博觀夫物請以民之說以進及以聖之說夫人之以民稱者爲其不能如聖人耳而不知人之以聖者要亦未始非人耳今試執民而語之曰爾與聖同世必疑

其人自思焉亦必疑之斯亦常情之所必至也吾謂如斯而天下不復有聖人矣又試即聖而語之曰爾與民異聖必不樂即問諸知聖者焉亦必不樂非若不足取信于人是吾謂如斯而天下乃以見聖人矣何則聖人人中之聖也人未及聖則為民民能盡人則為聖然則類豈惟物為然哉夫聖與民亦莫能外焉者也然而執類以論則又不可之其初固無此豈彼審之數而其終不無有餘不足之觀故猶是類也有得乎其天而出者焉與人同其知能而生安者夫豈中庸以下之才所可企即此生安中或亦不無偏全而其視斯民之與世浮沉者什伯也超然于天下之六

斯卓爾天下之上矣有成乎其人而出者焉○與人同其形性○亦踐履者○必非必知有為之人所可擬○即此踐履中或亦多所異同○而其較斯民之苟且自安者遠甚也○孑然于萬物之外○遂迥然于萬物之中矣○其類也○所以能出乎其類○其出類也○所以能拔乎其萃也○而豈民之所可同類而道哉○然聖能出民之類○而以聖視聖○則猶未出也○聖能拔民之萃○而以聖較聖○則猶未拔也○不有孔子○何以立聖人之極軌乎○

微服而過宋

萬曆癸丑　周延儒

聖人之過宋、聖人亦有道焉、夫不過宋、烏能全身、不微服、烏能過宋、昔孔子嘗畏於匡、困于蒲、厄於陳蔡矣、然猶然彈劍相和、援琴晤歌、遠引斯文未喪、而高談道大莫容、所謂禍至不懼者非耶、乃遭宋桓司馬而遂微服過宋者何哉、是蓋有道焉、匡之圍、疑陽虎耳、故曲三終而圍解、蒲之圍、阻入衛耳、故要盟成而圍解、陳蔡之圍、忌用楚耳、故昭王兵迎而圍亦解、若桓魋則害人也、非可以化也、[illegible]人也、不足與較也、吾第少施神聖之變化、而已能挫折宵小之鋒、且暫斂鳳德之羽儀、而已足遠離奸雄之繒、於是乎冠去其章甫、衣變其縫掖、長人而飾齊民之貌、懷玉而被褐之權、方且錯處、、穰

讓之儔方且襍伍于數〻乎宥密之衆方且追逐于擾夫販　逮歸
市之餘彼桓魋者靡屬以人須政盱衡一戮冠懷帶之孔丘而剸之刃
而孔丘則已過宋矣噫〻嘻聖人不微服則聖人必死聖人不死命也
聖人微服聖人之脩身立命也素患難行乎患難也聖人不過宋則
聖人必歷聖人不歷禮也義也聖人微服過宋聖人之秉禮守義也
造次於是顛沛於是也若謂是乃聖人變化無窮之妙用則又不
識聖人矣

微服過宋只是聖人偶然行權作用原不得看作異樣神通文
直勘出脩身立命秉禮守義不但窺見聖人本領使已既〻為
下擇立伏案無點綴情景觸筆生姸究似一幅尼山道而　丁杉亭

微管仲

張榜

霸佐而可無、無亦未諒其所係者大矣、夫仲之功不可無、如之何可無仲也、厚誅仲以不死、將無仲而可乎、且方周之凌夷也。桓以一人定霸。而天下莫不秩；然而從之夫非有仲在乎。桓公知天下之不可無仲。故釋之釁因尊之仲父。而不以為忌。仲知天下之不可無已。故脫于堂阜執乎國柄。而不以為羞。至於今莫不曰幸哉。仲之不死也。而世之得有仲也。一如子之說。罪其忘君。罪其相桓而深以為仲尤。夫仲不忘君。則仲必死。仲死則齊無仲也。豈惟齊無仲。將令天下遂無仲也。仲不相桓則仲不如死。仲死則當時無仲

（虛前說起）（反唱無仲。）（先點出句使。）（不連上。全以議論駕上文四句。）（二比俱反措醒。）（甚。）（反由亦注相種說到參有步驟）（再將有仲反捐一筆通[illegible]仲有仲）（兩層。。。。。說到天下後世全仲下句意已動矣却只）（一意翻作。）

也豈惟當時無仲將千百世竟無仲也（重頓微仲題面雙提收）齊有仲則夷狄有中國故有之以為重而微仲則師召陵者誰乎伐山戎者誰乎斬孤竹者誰乎（形起乃逆接法）以其係華夏之有無者而一旦無之寧獨仲一身之泯泯已也（再頓一句亦是逆接和住）齊有仲則列辟有王室故有之以為利而微仲則封刑衛者誰乎會葵丘者誰乎盟首止者誰乎以其係王室之有無者而一旦無之寧獨仲一人之沒沒已也（至既說不可無仲次承可以是仲）蓋一身輕而名義重則仲若可以無生捐小恥而立榮名則仲亦可以無死（翻只乃反接法）（二比只就有仲無仲互發教量絕不犯下）仲存而無以為抗節者致忠者訓則有之若為天下蓋仲亡而無以匡王定霸者輔則無之深足為天下惜故有以召忽之死律之者然魯人桎梏之頃忽

固曰。齋可無我。不可無仲。則仲之不可無也。忽先知之矣。有以殉（只說不可無仲便不走漏下文直至末）紂。（淡收抒一筆。便已直掛下文文法妙極。）紂之難責之者。而天下萬世之言則又曰紂有死臣。亦有生臣。則仲之不可無也。紂猶賴之矣。而子獨欲無仲。嗚呼。其未思無仲之禍。而徒以匹夫匹婦之小節期之耶。

縮脚題須筆筆縮住。此文處處將賴有仲在仲不可無反面遂頓反接出微字。亦只層折盤旋。絕不走下。最有法。中股起頭仍用有仲反照。六个誰爭。亦只爭罵微字。不曾透過微字一層。且恐此處或易于趨下。又覆轉来將以其係王室之有無者句領出起一項。然後攙出無字。氣便停蓄。

萬物育焉

蔣拭之

有以遂萬物之生斯致和之效焉夫萬物無一日不生于天地之間而使之各遂其生則所賴于致和之君子也中庸言體道之功而極其效以為天資始地資生萬物之在兩間者天地育之也然而陰陽出入之機雖流形于造化而範圍曲成之理尤待命于人功若君子致中而天地位矣則其致和也豈無其效哉夫和為天下之達道是萬物之所共由者矣也君子當發念之初既偏私之不雜而應物之際復乖戾之不形此不必聚萬物而曲徇其欲也禮樂于此興刑罰于此正本在情以鼓舞者初無拂乎萬物之情

亦不必盡萬物而徧給其求之寒燠于此序雨暘于此時參元氣以流行者更無傷乎萬物之氣吾見親疎貴賤萬物之殊分者渙然不齊也而老〻幼〻各陶然于飲食教誨之中雖極之匹夫匹婦而揔無顛連之患焉靈蠢剛柔萬物之異形者樊然不一也而化〻生〻各暢然于樽節愛養之際雖極之一草一木而揔無夭札之虞焉蓋喜非私好怒非私惡故有時公以施濟而萬物之大利已興有時用以驅除而萬物之餘害已去哀不過傷樂不過淫故有時動以矜憐而萬物之怨咨可釋有時通以悅豫而萬物之嗜慾可閑見之于王者之政而時雍者在萬邦咸若者在庶類相生

相養者同德感而化神修之于匹夫之躬而痌瘝者如一體休戚者如一家吾與吾胞者亦誠動而幾應然則萬物之育惟致和者育之也然必大本之立有以裕財成輔相之能而後達道之行可以泯覆載生成之憾則君子之體道其尤以存養爲先也哉

仍併天致中作繳

推致和由達出萬物育之承疏題刻露根據先儒語從不支不蔓滿尺幅中精理圓訖

鳳凰之於飛鳥

概論物之飛者，皆由民而推之焉。夫鳳凰者，似未可與飛鳥並論也。乃由民而推之，豈能不以之並觀乎。且學者衡斷聖人而擬之於物，則亦何可不更即一物以相觀哉。所以始也因民而及物，繼爲復因物而及于物。殊未可以羽族之微置而弗道也。是豈僅麒麟走獸已乎。物之最祥者莫如麒麟，而較之走獸，則以其跡同也。不有翺翔之殊其跡者乎。物之最常者莫如走獸，而較之麒麟，則以其蹤同也。不有奮翼之異其蹤者乎。是蓋有鳳凰焉，有飛鳥焉，鳳凰之於飛鳥，可勿取而擬言之乎。夫鳳凰其尊爲者也，而豈與飛鳥同乎。乃無端而曰鳳凰猶之飛鳥也，其相形何大相遠也。抑飛鳥其賤爲者也，而能與鳳凰等乎乃無端而曰飛鳥猶之鳳凰也其相形何甚懸絕也不知鳳凰固超乎飛鳥之上而定處乎飛鳥之中是鳳凰雖榮奈亦一飛鳥也而何得謂岐山之鳴不可與丘隅之止者同日而語哉抑飛鳥固生乎鳳凰之中不過稍屈乎鳳凰之下是飛鳥雖小亦居然一鳳凰也而何得謂數仞之翔不可與來儀之盛者同列而論歟或者曰鳳凰之靈同於麒麟似宜以麒麟比鳳凰然而天下豈有物之飛者可與走者並乎若以比飛鳥則吾見夫彼亦一飛也此亦一飛也而不知者顧以言飛鳥遂不必言鳳凰也庸可得乎或者曰飛鳥之飲同於走獸又似宜以走獸比飛鳥然而天下豈有鳥之為物堪與獸等倫乎若以比鳳凰則吾見夫彼亦一鳥也此亦一鳥也而不

知者頗以言鳳凰遂不可言飛鳥也有是理乎由是而推之泰山有丘垤爲由是而推之河海有行潦爲其類耶其不類耶

全爲下類字取神品又能在離即之間是其於題有眼

鄒與魯鬨　全章

吳勷

以不仁尤其民、亦未知端之開於上矣。夫鄒民疾視有司、民誠不仁、而抑知皆有司自召之乎。夫民者易反而自尤也、嘗觀君臣一体之国、君恤其民、而民亦愛其君、至於上下相殘、而自安於悖戾、自今古反今、未聞有此不仁之風也、若然、則如鄒與魯鬨、又何以有疾視有司之民也哉。當日者鄒師敗矣、有司死矣、彼民也相傾漠然、若无足有司之為我長上也者、亦獨其民之不仁實甚然、而民不見諒於君、而幾以此蒙誅、是則百姓之不幸、而相尤者之過也。且穆公亦念此不可勝誅之民、何以至今尚存乎。夫國向者鞠為迭降之餘、所為邀天之倖、不至與猾瘠溝中、流離四国之民同歸於盡、其庶之乎。萬死於一生者、正仁人視之而惻然者也、而微窺穆公之意、乃從不念生民之凋謝、而又欲驅去歲之餘、使之行驅赴難、盡斃于敵人之手、夫然後是以咎有司之死而肯姓之誅嗟乎公何獨愛此上慢殘下緘默不言之有司而謂纍日之幾乎人尚不以償三十三人之死也則公之不仁甚也公誠反此心而行仁則有司亦体君之意以布其仁將見無莫則薄其賦去歲則損其租夫且倉廩可發也府庫可開也如是而猶有不親上死長之民則雖誅之亦可也哉而出爾反爾以曾子之言斷之寧有是理哉反是以觀則向者有司之死非死於敵人非死於百姓而是死於君之不仁耳是故君勿尤民竊恐有司之將尤君也

冉牛閔子

古人之位置其次第必以漸而降故當日十哲之序冉牛不居閔子之先後人之效法其低昂必以漸而升取今日論次及閔子必居冉牛之後 起二比 就二子而微示之豈必盡同哉使冉牛之上閔子之下而欲於其中參一人焉而已不可概矣見矣就二子而概言之要自無異也使由冉牛而推之更由閔子而推之而欲於其上求其人焉而已不可多得矣 末二比

詩曰永言　謂也

原孝子思引詩而愈明其至焉夫以尊養之至者爲孝則孝子之有幾哉孝思維則下武之詩何以不敢以爲証乎今夫事之所難強致者雖在聖賢豈能與氣數爭其權哉夫聖賢之所自盡者往往不在于事而在于心蓋心有必至之處不能衆以古人每于數傳以後之依數代向具不容自己之情迄今千百載下愈令人景仰不衰也吾論舜而備言尊養正以尊之至養之至正孝之至也夫古今來人子多而天子少即孝子亦多而有天下少而顧爲天子而有天下少而顧爲天子而有其父爲永乎受命之天子而有其父則尤少夫然焉從執乎尊養之說不幾疑舜不爲天子不有天下抑不得爲孝子耶且自舜以下或孝同于舜

文峰　晚翠園稿

而不有天下不為天子可不得為孝耶即有天下為天子而不能如瞽瞍享之及身之日皆不得為孝子其非所以勸天下之為人子者也昔以為尊養非他惟以孝思為斷而已下武之詩有曰永言孝思孝思維則此非舜之謂也而吾以為正舜之謂也歷山號泣之北負戢是耳此時似無以自致于吾親矣然獨不曰有不求而可以自致者乎今夫父母生我之日至情至性原與髮膚俱受于吾身今日即微賤自安而寤寐之中豈能恝置于吾親乎念及此而知舜以孝而有天下非以有天下之故而始孝則當未尊未養之時皆思之所在已矣側陋登庸之時玉食承歡似不必有別致乎吾親矣然獨不曰有默致而不自已者乎念父母生我以來風雨晦明未嘗須臾不思

及吾身今日即生享除貴而夙夜之中豈能無愧于吾親乎念及此
而知天欲以天下解舜之憂舜不以天下自解其憂則當既尊既養
之後當思之所隆也已矣 以此為則而姜之郊也商之禘也姬之祀
明堂而配上帝也受命之年痛恨于在天而不可作而祇竭其力之
所得為亦見孝思之無所不至耳 以此為則而諸侯之有宗也大夫
之有贈也士之受微祿而歆然色動也微賤之人恨限于分之無如
何而祇篤其意之所自發亦以知孝思之無所不適耳 信乎尊親非
他以孝思為斷而已矣然則以舜為臣父者不善讀北山之詩也盍之
而讀下武之詩

詩云如切如　一節　　沈曾琦

賢者忽會於詩而如遇未若之旨焉夫得乎未若之旨即詩之所云何一不有未若者存也切磋琢磨其著焉者乎子貢意謂甚矣天下之理日引而不窮也孰意古人之言亦日新而不已乎是故學者終身於稽古之中而此中無窮之旨竟日習而忘之一自至教之引人始覺理之無窮若雖舉千萬言焉而何可竟也然即舉一二言焉而又何弗可週矣夫子未若之謂誠哉斯言也天下有難拘焉如斯者乎賜今而後不覺若有失也賜今而後又不覺若有得也夫子有日進焉如斯者乎賜今而後不覺見其少也賜今而後不覺又見其多

也。詩不云乎。如切如磋。如琢如磨。夫自一物而觀則方其切也琢也亦已精焉矣庸詎知切與琢之外復有所謂磋與磨者乎且由此而推之又焉知孰此為磋不更有物之磋者存孰此為磨不更有物之磨者存也。如斯或詩之示我者永也已自一時而論則方其切也琢也亦已精焉矣庸詎知切與琢之後復有所謂磋與磨者乎且由此而進之又焉知今日之磋不更有異時之磋者存今此之磨不更有異時之磨者存也如斯哉詩之自寫者微也已賜於是知一隅之見不可以入世焉今夫天下之境無窮此中之義蘊亦因人之閱歷而日生耳其或自足焉則雖未至之途而亦已足矣其或未足焉則雖已至之途而終未足矣賜昔者苦心雖久而其見未真豈意指示之下乃忽得此一言也賜於是知獨是之念不可以觀理焉今夫儒者之學無盡此中之指趣亦任人之取携而莫禁耳以爲已然焉則雖終身之遠而亦已然矣以爲未然焉則雖一日之詣而皆未然矣賜昔者自信太過而其機愈隱豈意感發之餘乃遂逢此一言也切誠未若磋與琢〻不若磨與賦詩斷章則其斯之謂與而猶區〻有貧富之見〻存也賜不已多滯也哉

誠之不可揜如此夫

吳 紱 大觀

中庸以誠示人即鬼神而指其本體焉蓋不可揜者鬼神而誠則其本體也於此指以示人則道不可離之意可見而誠可得而言矣中庸述夫子之意以爲言道者當溯觀于性命之原言鬼神者當深明于理氣之合知鬼神則知道矣鬼神微矣而微之顯者何其不可揜乎無形可見也而形其形者形之所以著形不可揜而非形之爲也無聲可聞也而聲其聲者聲之所以著聲不可揜而非聲之爲也且夫如在上如在旁不可射不可度發揚招著于心目之間而充滿偏塞于空虛之隙誰爲之而不可揜如此乎蓋

淡語冒起猶見先民遺範

洒

振宕有神

以消誠字以下千盤萬旋

其穀于變合之迹。而流形而爲品彙者。有根柢于品彙者也。乘于化育之機。而發揮而爲消長者。有主宰于消長者也。雷霆之奮擊。雲物之飄揚。其起也何自。其息也何歸。吾不得而知也。而固有可知者。宇宙之間。怪怪奇奇。亦復何所不有。而其所以始之所以終之者。必非僞設之端。君子觀之。而以爲造化自有眞也。此亦如人之眞有是明而必見。眞有是聰而必聞焉耳矣。天神之可格。人鬼之可享。或之有而致無。或之無而致有。吾不得而定也。而要有可定者。壇壝之上。恍恍惚惚。第覺無所不之。而其所以倏來所徃倏徃者。必非憑虛之造。君子窺之。而以爲精爽無不實也。此亦如人之實有是體而爲屈伸實有是息而爲呼吸焉耳矣折而觀之謂鬼神之有對也天下無事不有陰陽太生廣生奇偶各居其位而不能相易而總凝于無極之眞迹而觀之謂鬼神之如環也陰陽無時而不運化往過來續日夜相代乎前而不知所萌而要根于不已之命豈非誠乎豈非誠乎是知無聲無臭者誠之不雜者也有物有則者誠之不離者也統宗元會者誠爲迹墮之樞機肅廟雖宮者誠爲感通之消息也盈天地間皆物盈天地間皆鬼神則盈天地間皆誠也有象斯陳無隙可闚其不可揜也誠之不可揜如此夫於乎此鬼神之德之所以盛而天命之所以行也明乎此

二氣

一氣

是中庸一个誠字出落

眞氣通塞　實理流漫

自然流出氣呈神

則道不可離之意可見。而凡古聖人之倫之至。格天之隆。天德王道之極盛孰非誠哉。

洞然于理氣分合之故不足爲老手題難在領會如此夫消息不作枯泥絮耳動盪血脉流通精神確是全部中庸樞紐讀此等文頓開拓天下拘儒眼孔

是鬼神章結穴是通部中庸誠字開端指點親切空明澹沲他人塡塞性理者無乃坌伯　洪蘇游

領會得如此夫虛神實理偪塞滿前方是與魚躍鳶飛仝活潑也

滄浪之水濁兮可以濯我足孔子曰小子聽之

歌水者後及其濁斯舉者已傾乎耳矣夫清而繼以濁纓而易以足孺子何心哉自聖人聞之而已通乎理矣故呼小子而警之且時至今日狂瀾既倒舉世其汙濁矣即有童謠野史切中時弊亦孰從而聽之乎然而正言之盡盡惟聖人在上者有以錄之而遺音渺渺亦惟聖人在下者有以會之是以曲奏方終而歌歇不置焉清之可以濯纓滄浪之歌寧止是哉吾聞滄浪在荊楚之閒楚之後有大夫焉濯淖汙泥之中獨與其君陳禍亂述危藹無奈王聽之不聰雅子之訕謗遂致抑鬱窮愁行吟澤畔君子惜焉使彼孺子而亦明家國之故識治亂之機則必乃賡載歌曰廼隆清之莫可奠仍濯我纓其奚敢胡爲一彈再鼓終焉

天然巧合

搏正有力

無聊之吟與波上下更寫無炷之韻哉若以為天下無定形者莫如水揚其波矣何又汩其泥矣清流蕩蕩忽為浸冷我纓必不加之以足乎就其淺之泳之游之可矣天下至不一者莫如水之用宜於貴矣何有又宜於賤夫觀彼流泉亦既垢止我何惜一投足之勞乎褰裳從之宛在水中沚可矣濁可濯足所由纏纓而咏也斯時孺子歌之滄浪之衆聽之餘音嫋嫋不絕如縷響窮彭澤之濱聲斷衡陽之浦是歌也胡為乎來哉然而孺子自歌而自忘之滄浪之人亦若聞而並置之而不意與人歌如孔子者既聞其歌清復聞其歌濁因瞿然有感頌二三子而訓曰小子聽爾亦知夫歌乎歌以適志而即傳夫志之所不覺令孺子之一唱三嘆者其為文甚約而其旨則躍然而可思善哉是歌其譜之

詠為之中

打線

只以為戒也小子聽之思夫滄浪之歌抑歌以宣情即引夫情之所
不禁令孺子之如怨如慕者其為義甚平其為意則隱然而可念者哉
是歌其誌之而足以為法也嗟乎夫子居濁世上無仁君下不得任用
方欲優斯世于塵埃之中乃足迹遍天下山川而問津不濟楚社無封縱觀
原泉而知學于在川而悟道蓋猶朝洄之衛不之柳可與言知觀夫
聞濁之歌以語小子凡百君子敬而聽之

能觀自遠

静觀而意少詳讀之如在明月之下香花之中

飄然而復見兩小艇矣此奉九功技也

寬裕溫柔　二句　　棗昌霖

至聖仁天下之物本有先物以容者焉夫物至而謀容之殆矣至
聖之仁德可倫敘也不已具足也哉且以天下之大也而有人焉
起而臨之則此一人者遂為天下之所恃矣使孤處于尊優之地
而衆類與我絕其通此亦徃而易窮之勢也夫惟天下至聖其臨
天下也臨以聰明睿知而無不足也天下之廣非人主器有以冒
之而德有以冒之深宮之內所餘幾何而日出海隅罔不歸其户
牖蓋其冒之者莫可得窺也德實全爲爾民物之衆非人主體有
以舉之而氣有以舉之帝王之軀與人何異而親上親下罔不入

其胸懷蓋其舉之者莫得而測也氣實周焉爾故臨天下之上者必囿天下而納之于中者也吾想其容而囿天下而納之于中者必廓吾心而儲其渾者也吾以想其容之足何則徧心足以屬物一二人不可托也何論千萬聖人者量有餘于地皆在吾內而又若皆在吾外直等其身于覆載之間焉何寬矣跡情足以庚性一二日不可恃也何問久遠聖人者心有餘于時有意為治而又若無意為治直付其效于迂緩之途焉何裕矣君之植民猶植物也陽嘗居大夏而陰退處于空虛無用之中物資始以長養故和者居前也至聖慈祥成性有以普萬物于化光又何溫也歟君之養民猶

養子也毋識求保赤而父教嚴于成人有德之日子恃恩于鞠育
故慈者居先也至聖平易近人有以奠民生于各得又何柔歟今
夫卑之所以承尊者謂其能恩之也而大之所以受小者謂其能
安之也彼其接之而不納者由其中之有所拒耳至聖亦復何拒
也天授之度恢恢焉而已而正此恢恢者之統捐無盡也盖包萬
有以為體則任萬有之所入而揔非量之相加祇覺樂易之裹涵
濡無外者自如此爾抑其歸之而不必有者必其外之有所隔耳
至聖亦復何隔也太和之體渾渾焉而已而正此渾渾者之統括
無遺也盖揔群生以為量則聽群生之所共托而悉為同體之自

親。祇覺和平之宇。絪緼不散者自如此爾。蓋以首乾者乘朝乾。天下同仰照臨之莫外。而以長善者長人。天下更樂容保之無疆。夫有容未足以盡至聖也。而其足以有容者。亦可以見至聖之大也已。

難乎上四字的確不支至先輩宜其等處見力量過人但解淺下而能空穀子古法舊能奇姿之精研更至綿邈清遠之勝則加務善善莫能致當乎今之人也

禘嘗之義

李元坊

孝達于禘嘗、其義亦未易明也、夫禘嘗禮也、而義存焉、不與郊社均有待于明之者哉、嘗觀我周祀先之禮、或因分以尊祖、或隨時以敬宗、而知先王之教、殆以義起也。義為天下之至精、惟識之精者。始能究其微。義為天下之至大、惟量之大者。始能測其蘊。甚矣其難明也。實與郊社之禮等、我周自武城柴望、丁未告廟而後、五年則有禘、四時則有嘗、及所自始。精誠貫于得姓受氏之先、樂所自終。仁孝及乎羣公世室之主、盂禮也、而義存焉、考之禮、有虞氏禘黃帝、夏后氏因之、禘帝嚳、周人因之、禘之制深遠矣、念自有邰肇室以來其間〻〻者幾何世締造者幾何王而必奉后稷為始祖自始祖而追之于所自出此木本之義也蓋稷為周之本而帝嚳又為本之本矣亦水源之義也蓋稷為周之源而帝嚳又為源之源矣顧或者謂殷祭有禘有祫春秋書祫曰大事于太廟而禘不言大似禘小于祫而不知非也祫以三年禘以五年準以月祭時享之例蓋年之遠近即禘祫之大小由分夫不王不禘禮有明文祇及乎太祖諸侯所同也禘則及其祖之所自出諸侯不得而同也禘之大又何疑焉乃有禘而又有嘗何也子孫不可一月不見祖宗則有月祭子孫不可一時不見祖宗則有時祭嘗

者特祭之一也其禘較禘為輕其義與禘並重由卑而溯之庶人有魚炙之薦士以特牲而不諏日大夫以少牢而不筮旬諸侯則以王事而發一祀焉甲子以前武周之嘗諸侯也渡河以後武周之嘗天子也灌則黃彝假則斝獻則著尊壺尊禮則旅酬六尸樂則象籥清廟慨乎有聞僾乎有見所謂霜露既降君子履之必有悽愴之心者此爾此雖報本不上追帝嚳配享不上溯后稷而制作之精實與禘同要之非淺見者所能明也且夫明之者非徒識其儀文將必通其志氣也詩曰有來雝雝至止肅肅可以思禘之義焉又曰禴祀烝嘗于王可以思嘗之義焉明乎禘則一人之

心直合乎高辛氏之[illegible]乎嘗則一人之心直合乎十五王之心

明乎禘嘗則一人之心直合乎武王周公之心而明之者誰歟嗟

乎禘之失久矣我以諸侯而禘于莊公禘于武公又何所取義乎

[illegible]

若秋而載嘗未嘗不見于閟宮之詩此諸侯之祭而非天子之祭

也有明郊社之禮與禘嘗之義者乎于治國何有

清曠疏遠氣味直似稟埃　大主考評

擺脫語言故實擱箸一了百數藥節也選用義都與本章者黃平

是本房又派不是三禮辨駁解人固應如是才人固應如是

辟如天地之無不持載

王步青

合天地以言聖人。而持載不惟地矣。蓋持載者地也。而天下濟焉。（定一篇之局）

無不持載者天地也。而仲尼合六焉。此豈必析而言之也哉。且域

中有兩大。惟聖人參處其閒。而天下莫載之道。於是乎始有所屬。（全局一川逆勢開山）

顧或者岐天於地。而亦思冀覆之區。孰主宰是因之岐天。地于聖。

人而亦思無外之規。孰體備是。吾故觀于仲尼之奄有古今。而想

其同符天地。嗚呼至矣。自繼善以來。人人分天地之撰。然或得其

一而不能相似。爲何者。拘于墟也。若我仲尼則合舉天地言之。而（首四字喫猶自不可）

豈（少）足荒吾說乎。自大賢而下。亦嘗（須）天地之全。然即體已具。而猶或

有閒焉無他困於實也若我仲尼即隨舉天地言之而豈足滯吾
義乎今夫天也地也仲尼也一而已矣故就地而觀其廣博者不
可紀也其深厚者莫可窮也人惟所資者狹則且謂跬步之外盡
屬羸餘而試縱想乎大地之中凡所為坎行而艮止者苟有一之
不足以相維而又何有于吾托足之所是故吾一言地而吾無以
測之也則以為地之無不持載焉已矣而合天地而觀天亦依形
則載之者固地也地亦附氣則載者即天也人惟所者迹則且
以職載之權盡歸坤厚而試靜觀于交泰之理凡所為不重而不
洩者苟非天之實有以下濟而地亦何以終承天之功是故吾言

天地而吾無以聞之也直以爲天地之無不持載焉已矣而由我

讀至若如天造地設

仲尼以觀其倫道于身者上達之基載以下學也其垂法于世者

二語合爲人

未喪之文載于未墜也人惟所□者末則謂聖人之崇效卑法各

有成能而試深思于一貫之原凡所爲任重而道遠者非其體之

幹持於倫神力纔大

克應乎安貞而久何以合無疆之德是故吾言仲尼而吾無以盡

若句妙足不了

之也其辟如天地之無不持載乎盡理無二致故隨地可以見天

而道有同揆合天地乃以見聖不然彼地道而上行矣必謂覆幬

惟天而地判然不屬豈通論哉

理緒取不果於巧意之取而於識者人將無毛吝作霧以作而學其源流某公可

起首將昔四字將凡頓宕以述前述中間法轉無也變之一下乃逐層交卸遂分三比主格
總看說理總穩風格蒼然不減纖巧視前層次人一心其固難又巧到局而真而最渾
格到之處尚自相了

鳶飛戾天 一節

丁巳 錢琦

微道於物費也而隱在其中矣夫鳶飛天魚躍淵物也即道也究於上下詩蓋有味乎其言之哉且自高卑既定而遂各顯其奇此闡乾之端坤之倪也而不知皆道之渾淪磅礴以呈其緒于高〻下〻之間課虛者鈎元責有者尋跡則雖有觸于當幾究若熟視而無觀吾嘗讀詩而別有會心也大莫載小莫破道之費也何如兩儀訢合之故其息深〻各正者性命保合者太和分氣分形壓〻之蘊不言之妙萬竅空靈之處其機潑〻耳得而為聲目遇而成色大含細入在〻餘不盡之思是非察者機耶而吾因有觸

于旱麓之詩曰鳶飛戾天魚躍于淵大造有自然之化排空者不
滯入水者不濡鳶魚不自立也有鼓之以出若而羽得以翔鱗得
以泳遂各從其類而不知凡物有歸宿之根本天者親上本地者
親下天淵亦不自主也有役之使動者而鳥入于空魚從于淵遂
自遂其常而不覺夫乃可以得詩之言也詩言鳶魚非言鳶魚也
詩言飛躍非言飛躍也言乎上下察也道本妙于藏而遍滿無根
二義發揮盡致
則又轉神於顯試觀天之與淵其境至寥廓矣胡然而連於虛者
幾若窮其際飛於實者幾若塞其中微茫杳渺之區精研之皆其
所洋而溢而太空非空也觀上下之成能夫真有戒慎將之而不

足者矣道本神于積而遞嬗不息則又轉妙于流試觀鳶之於魚其類至纖微矣胡然而或升或降倏已謀諸目不離不即倏已會諸心瞬息俄頃之交潛窺之皆其所浮而動而兩儀非兩也竭上下以求索夫真有須臾離之而不可者也無倏迹以已見而覩聞所值帝皇周浹暢然動舞蹈之真不必局于方隅而偶爾相遭昭布森烈列凜然見帝天之命其察也盖其費也是在不離道之君子

年一息尚欲

方見達開為人心人從容利久

以下參玄妙處須以定識惟此文一筆不隨回護尤有餘思

段如蒼

第三十九册 卷一一七

蓋曰天之所以為天也

王步青

詩人以人道言天而知天固有以也夫天下孰不有其所以然者而天實先之是故知天之為天而不已之說非夸也且凡天下之不可及者必隆之曰天凡人世之不可知者必神之曰天然則天之為天如是已矣人亦何取乎不可及知之天而日空言之也哉乃吾由至誠無息思之而恍然於詩之言維天之命於穆不已也今夫命物者天也命天者誠也物命於天而天必先自稟於命故吾即無以測天之化而無不可以見天之心一物有時已而天未嘗有所或已故天之化有莫知其然之功而天之心有不得不然之

責何也不已之云詩非漫然不已也夫人各具一天而不知其爲
天也舉凡形聲象貌之屬幾且忘其所以然之理而豈知太極之
宰實肩其任以自艱是天誠有所以亹亹於無斁無臭之載以搽
乎物之所不得遁而不然者天且不暇計物之無以爲物而先懼
天之無以爲天夫人共戴一天而第知其爲天也舉凡行生代謝
之機庸或意其所以然之理而不知冥漠之中早立其程以自赴
是天實有所以兢兢於一日二日之故以豫乎時之所無不然而
非是者物之爲物不能無不敝之物形而天之爲天何以有日新
之撰是故識其所以而及爾出王及爾遊衍天實猶然人事之常

蓋居高者天之所以無為而行健者天之所以有為也彼以天視
天者仰法象之尊疑其別有神奇之用自詩言之而天之為天也
蓋甚膺矣故第循名而著其實而非有稱說之文抑識其所以而
前有千古後有萬年天必爭此須臾之間蓋感而遂通者天以有
為之之而寂然不動者天即以無為之之也彼以天觀天者覩貞
之象祇謂日居無事之中自詩言之而天之為天也蓋較動矣故
雖責實而予以名而非有矯誣之說然則以天為不可知天非不
可知也以天為不可及天非不可及也自古至誠孰肯以其所以
為天者獨讓之天也哉

句々說天都句々有文王在只就所以為字於適脩息未為之字果已

伏而臨文胸里沉力鬱不讓却有氣之為望瑕 淵翔

蓋曰文王　二句　呂式榮

知所以爲聖、即知聖之無間于天矣、甚矣、純固文之所以爲文、而亦即天之所以爲天也、聖即天、耶豈有間乎、且人惟不識聖之爲聖、固茫然于天之爲、幾以爲聖之去天猶遠也。抑知聖之爲聖。其存之于中者時時與天相流通。吾未見與天同其德者。猶不能與天同其運者也。如詩言不已。既爲天之所以爲天。而于文則言德之純。何哉。得勿以不已者爲天之所獨擅。而文則不能不與之有間乎。曷即所以爲文思之。西土之怙冒。文也。而非所以爲文。惟其德之貞于宥密者。湛然寧一。不復有一息之襍。使物之得以乘間而入也。而文于此穆然遠矣。四方之光昭。文也。而非所以為文。惟其德之深于夙夜者。渾然中存。不復有纖悉之界。使物之得以抵隙而投也。而文于此幽然深矣。一念之絕續。非必其絕而弗續也。即使複續而既絕而續。

從純字反面勘出所以為

必不如其未絕而無容續者也。無他。未純焉耳。文之所以為文。不如是也。一事之離合。非必其離而不合也。即使複合而從離而合。必不如其未離而無容合者也。無他。未純焉耳。文之所以為文。又不如是也。蓋其所以為文者純也。而猶得謂不已者。為天之所獨擅。而文則不

應前二筆章法緊凑

能不與之有間乎。且夫天之所以不已者。亦曰純而已矣。

即將純字貼在天上識透千層

蓋惟其無思無為而立乎萬物之表。故能貞明貞觀而處于萬物之上。無時而

敻闃無時而或已矣抑惟其至簡至易而超于聲色之外故能一翕
一闢而運于聲色之中無時而或襍無時而或已矣甚矣天之以純
而不已也然則文王之（毋字醒露）不已亦可見矣吾試即一事以觀文王之純
而知其不已也一事之誠固不勝事事之妄苟事事之皆誠而或于
（不純即是已）
其中參以一事之妄則其德亦且已于此一事矣而文王則由前推
之不得其所自始由後推之不得其所自終所以（迴繞上文）爲文如是也而何
時已哉吾又即一念以觀文王之純而知其不已也一念之誠固無
當于全體之妄苟全体之皆誠而或于其中參以一念之妄則其德
又且已于此一念矣而文王則由前觀之未嘗于此中止由後觀之

未嘗于此復生所以為文如是也而又何有已哉是可無疑于至誠之與天地矣。

前有伏筆中有補筆後有脫卸有收法程無一不密而文氣之深厚理致之深細虛實皆有盡致

純亦不已

聖人合德於天、惟其純也、夫天道不已、而純於天道則亦不已焉、故（發心破的）至誠無息、且夫天人之合也、在天惟一理、在人惟一心、聖人以實心體備夫實理、而無一物之疵、即以實理流行於實心、而無一息之間、旨蓋反覆於聖德、而知其上合於行健也、如詩頌天之不已、而即繼以文德之純、夫亦謂天之不已、固天道之純、而文純之即文德之不已也、何也（反面透亮）已之端、必起於有貳、理也、而以欲貳之理、即因欲而有所隔、公也、而以私貳之公、即因私而有所阻、抑已之跡、文由於武雜、道心也、而以人心雜之、道心即緣人心而絕、克念也、而以罔念雜之、克念即緣罔念而踈此不純者之所以不克免於已也純則無貳無貳則絶續之端不萌而曰明曰旦之餘莫非此極誠無偽者爲之出王游衍而靡有間也而寧已也純則無雜無雜則離合之跡不形而何思何慮之中要皆此真實無妄者相與往來通復而莫之窮也而何已也心安於靜止我性恒見其存一理渾然在中至德常安於亹亹是故一日如是百年亦如是本無終也而何從窮其所自終固猶寒暑晝夜之遞嬗而莫得其止息焉爾抑靜存如是即動應亦如是本至變也而即有以窺其所不變不啻陰陽消息之循環而莫窺其朕兆焉爾純亦不已吾於是而識天人之合矣至誠無息不信然乎

沉思猛力、深入理窟中、遂爾氷解的破、使胡思泉許敬菴諸前輩

見之、應嘆不虞君之涉吾地也。孔象九師原評

此句是結至誠無息、泛講天人合一者、固失之、然必如仇陸諸公、

謂不可更說亦如天之不已、恐將亦字抹煞、說來仍是至誠無息

句話頭也、且本章都即天地以明至誠、前云與天地同骵同用、此

正指出同骵同用之原、見至誠之自能無息耳、文能洞見本原、於合

一中得歸結章首本旨、精深透闢、可以不祧

蓋均無貧 三句

申言不足患之故，均而俱無患矣。夫均則必和，和而貧寡之患俱無矣。此所以常安而不至于傾也。夫今夫君臣之分，家國之封，先王之所以均天下也。自家與國競，而覬覦之念興，而相疑之勢成，卒亦不能自固，尚忍言哉。識反而善其救，則相因而至之效，有前人所已言而猶未備言之者，吾得述所聞而復尋繹之。今夫有國有家者，山川車服，賜姓命氏，豈不欲計長久哉，然往往有莫必其後世之處，其憂傾也實甚。夫至于傾，則不安極矣。有求能與寡而不得者，此無異故，君相猜而和者少所致也。而要其始，而患生于少欲不能均而已矣。是故國家欲明其度，慨分誼，保前業，先自均始。有如均矣，有土者得守其故封，有采者退

極自見實竭
由者見自達斷
隱由分當然之妙
神患貧一節生
極気
者患貧患寡
此節開內連上
自以打動手
要

其賜邑立後有分必定而信其心者與夫人亦第慮貧耳吾未見難：
祇奉其先緒者而獨憂夫不足也：蓋承之所無自私夫我之所有則
吾得以所開于均者而通之曰無貧夫至于無貧則無寡已可知矣何
也以均焉則已和也有如和矣君不疑于其位：不二于其局蓋淺有
固公徒以自相擠者與夫人亦第患寡耳吾未見離散克致其交所者
而猶慮夫不我與也我能得之于上而自能得之于民則吾得進
之說于均而决之無寡無貧無寡則亦可統之無傾矣何也以均
而和焉則已安也有如安矣上不必有漸積之憂下不必有自危之意
夫豈有據大國以自圖存者與夫人而第患傾耳吾未見泰然各奠其
所以者而猶慮夫敵窺越也不復爲自全之謀自必第克全之業則吾

從公而均而安者而究極言之曰無傾夫至無傾則所以為子孫計者至保傳子孫於門有詩稱
深遠矣而其致之無異故安耳均而安耳今夫人欲以不均以求之是猶
出於傾之一途以求無傾也可出於傾之一途以求無傾者此其患豈
獨貧寡而已耶

蓋均無貧 三句 □□□

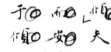

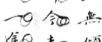

蓋均無貧和　三　徐鍾華

即所聞而繹之故有進於均安者焉夫患在貧寡不在不均安勢必不和而傾也有國家者尚又覆於均安之故哉且謀國家者唯是宮府一體上下同心用能保守宗祊無淪胥以敗也彼夫辟土啓疆為目前之計而忘前後之圖盡取古人之言而明其事之相因與致之莫致者如丘所聞不患貧寡而患不均安此亦見患不患之宜審矣而吾謂患在貧寡者至止於貧寡患在不均安者謀不止於均安聞國承家之意同思之而愈出也此亦見患不患之當辨矣而吾謂患在貧寡者害先見於不均安患在不均安者效更進於無貧寡思深慮遠之防固推之而愈明也蓋均與安之中有和焉無貧無寡之後有無傾焉則可曰不患寡而患不均者并可曰不患貧而患不均者思夫均是諸侯一國大夫一邑豈無常制自都城過百雉乃度支不給而懸磬是憂也均則問之國而無絀於正供問之家而不溢於食采其尚有府泉不充咸者乎則均無貧折可曰不患寡而患不均者即可曰不患寡而患不和吾思之嘉德下無違心本有明訓句注辟作乃板章雖奧而子意是嘆也和則問之國而　李其林

撼問之家而亦見為庶孽者也有生平不亟相齊足傷者乎則知無寡稱可曰不患寡而患不
安者即可曰患不安而不患傾吾思夫均和而世守茲社稷固爾宗祧豈故不謀
固乃丕基奠而顛覆旋生也安則閥閱之因而有韓孚之福閥閱之家而有磐石之慶其[illegible]計
搖足懼杌隉可憂者乎則安無傾此以知患不均安之計長也患不均安中之且得其和寧矜
不止均安之利此以知不患貧寡之策善也不患貧寡務之且不至於傾又何自有貧寡之憂
丘之繹所聞而可信者如此求何倫寄而不之知耶

第三十九册　卷一一八

聞有國有家者

國與家有由分其有不容混也夫國之無與于家猶家之無與於國當無混乎其有也子固爲冉有述所聞耳且自諸侯不敢干天子大夫不敢干諸侯尊卑之分嚴即國家之名立矣人或不察謂國可統于家家亦可併于國而不知當年創建之心有各如其分以相償者此意固不容混矣如子與季氏固有家而非有國者也季氏之伐顓臾固欲躋有國而統于有家者也然此非吾之所聞也吾聞之古先王知天下之不能獨理也於是乎有國又知一國之不能獨理也於是乎有家分地建封置都立都邑直使天下之

有國者安于有國有家者安于有家與畛至重也亦至嚴也以有
所宜有而在各保其有而已獨是論國家于今日亦難言矣嬴秦
兼豐鎬之遺吳楚盡東楚南之壤有國者不循其國公徒不備三
耦私賦且半公田有家者不守其家且也參六無歸祀鄭失位
陳恒厚施大叔侵疆此豈非有國豈非有家而各爭所有抑何其
失先王設參傳伍陳設置轄之至意哉吾於是重念夫有國有家
都論大同之世國可統于家家亦屬諸國何有家國之攸殊然統
以為有者且抑服之大權而仍以為有者無競爭之故習也誠各
司其有既重之曰國又別之曰家可知國不可使減家亦不可使

增典章固儼然俱在也而寧可忽諸論崇封之始國無與于家家亦無與于國只循家國之當然顧不混所有者見建立之大公而必明所有者恐侵凌之難免也惟各還其有更可知國既重之曰國復別之曰家更可知國不處於有餘家不形其不足鉅典亦自煌煌也而記或忘之歟雖在今者公家之呵護無虧而禮樂征伐主名顯有專屬魯之為亂仍不失其為有國者也豈得謂權謀下逮遂忘封建之隆大夫之黨援益固而浚明食邑名分有不可踰季之爲季則仍屬乎有家者也豈得謂爵祿惟我處持國柄之大予聞有國有家者如是伐顓臾者其知之耶

領航其疏影思虛而能實
實而循虛六一意却在既躍
之間是謂有書有筆

與子路之妻

李祖惠

聖門而著其配可觀倖臣之竊附也夫子路之從於衛適偶也遑問其配乎然有彌子之妻是可連及之以觀至衛者從來邪正之從判然難合非所與而與焉不終日而思去也乃有我雖不往彼將入而亂我之羣則因機遘會自非漠然而無與者耳（撥異字意深穩）吾因孔子主顏讎由而計及彌子之妻夫彌子固癰疽者類也其妻則何與意者轍跡風塵特聞異事往往君公未降色辭而深閨偏勤相士（恰於妻字有此奇想）宜於羣賢和從之日有此離佩之交歡媚子諧臣憑依驟貴往往品流不齒緡紛而締結偏援高族或於賢士大夫之家覯此姻婭

之膴仕而皆非也當日孔子至衛子路實從夫子、路、何、如、人、也、曩者滯跡宗邦雖與東周再造難不衆以公山佛肸之往今吾黨昧潔身之義今也聽衛地亦願大行有兆要不敢引古礼小君之見全斯世竊吾道之尊若然則彌子與子路志行之不相入可知矣碩立朝覘士之大節居室亦人之大倫雖知微觀變自不失是於權勢之家而有倡必隨或閒繫情於帷房之愛子、路、固、自、有、妻、也則吾言彌子之妻非無說矣婦人無外事詎得以姓名通於津要可念者有與之偕行者耳侍君子之光儀負米尸饔不憐其偕隱終焉之志而初不意有憑藉聲靈者焜耀幽人之望亦無亦有太相迫者乎婦職無攸遂亦特以洽比聞于里黨可異者其遠在他邦者耳思女子之有行歸寧歸唁偹極其作歌告哀之致而初不意有各相夫子者感念天涯之跡也豈其有默相動者乎噫仕宦之多徑也思結於主而無因將宦官宮妾之家銜恩願進者援昵

暗意却是正意

知道德之難攀也思入其門而不得將閨幃燕暱之私翕緣竊附者特斷知務君困之權邀聖賢之寵彌子將以一術行之何也其妻蓋與子路之妻則兄弟也

題闗在一此字只是子了語取前後脉於即離斷續之間能得生情紆徐渕雅 王罕皆

一眼注定正意。自不至以游戲出之。正如盛唐諸公作山詩。亦復有關風旨。紀曉嵐

○○與木石居　二句

聖心之靜也其居遊皆可與也夫木石耳鹿豕耳誰謂深山之舜與之居遊也君子曰舜心之靜也足以觀矣嘗謂惟聖人為能忘物故舉天下之物歸之聖心而皆其所不與然而聖人之心非物也故常超乎物之外聖人之心不必不物也故特入乎物之中吾以此觀舜之居深山從來神聖伏處必有靈奇之蹟見于山川而舜無有也使舜而有稍自表見之心則其神明與深山不渕也從來豪傑覩時以有韜悔之思積于平日而舜不必也使舜而有必自藏伏之心則其宥密亦與深山不習也今夫深山之中望之蔚然者木也或偃或立

不一其形者石也儦儦俟俟者鹿豕也居者遊者不知其義何族也故此三筆逆攝起
一旦而舜居焉意必木石改觀鹿豕適跡大聖人處此非復昔日之
深山矣而孰知不爾也吾想其特分天地無私之德而畀夫有生者
生焉有形者形焉深山不知也相與與也而與無相與是則深山而已
矣一以容貌若虛之衷而當其作者皆作焉息者皆息焉舜亦無心也
不相與也而相與是則深山之舜而已矣舜其有所居耶居者木石
耶木石之居自深山木石之與居自舜也舜其有所遊耶遊者鹿豕
耶鹿豕之遊自深山鹿豕之與遊自舜也夫必木石以為居耶即多
此木石也必鹿豕以為遊耶即多此鹿豕也天機之淺每在貌心玩物

之人而舜之居焉遊焉皆太虛也寬閒寂寞之區有舜如無舜矣而物我不驚乃逍遥乎深山之体以居而齊木石即其所為居者非也以遊而齊鹿豕即其所為遊者非也達士之觀何與大道為公之志而舜之與居焉與遊焉皆本量也往來作止之下有舜之居如無舜之居矣而高深與共㧾無改乎深山之常然則舜何如人哉彼其見聞未起言行俱泯者夫固深山中之野人也噫此足以觀聖矣

天倪曼衍靈氣欲飛是蒙莊文字却不是蒙莊道理原批

與木石居與鹿豕遊其所以異於深山之野人者幾希

觀虞帝之與居與遊未嘗有異于人也夫舜非淺人匹也乃其與居
與遊若無異焉者意者異固不在此耶且論聖人者使以為固無異
于人也則其論過淺矣抑使以為固有異于人也則其論亦過深矣
而不知聖人當寂處之時所與居與遊者何嘗有異于人乎吾有
以觀舜于居深山矣夫深山靜境也此特野人居之也而舜何以居
此舜之居必有與之居者矣抑深山僻壤也此惟野人遊之也而舜
何以遊此舜之遊亦必有與之遊者矣然則舜之與居者何物乎木
石焉已耳處深山之中而此則欹欹焉彼則巖巖焉而舜與之居不

呼吳古雲
勁

[illegible]

見神明之多所擾舜與木石共若于深山之天而已抑舜之與遊者
何物乎鹿豕焉已耳處深山之間而若者儦〻焉若者俟〻焉而舜
與之遊不見性情之為所緣舜亦與鹿豕共安于深山之天而已迥

[illegible]

思木石鹿豕惟山中之野人或相與處而不覺耳曾是舜之居此而
不矜其神明之異乎乃當時之往來者竟無自而別其為舜又何自
而別其為野人也與居與遊亦惟山中之野人乃相與處而無奇耳
曾是舜也居此而不形其志趣之異乎想當日之淺識者幾何不疑
野人之為舜〻之亦為野人也然則謂舜竟無異乎登庸受命之日
天地其所開闢也山川其所鍾靈也如是而竟欲混野人而一之豈

全用虛勢
暗動下意

惟後世不之信恐當時亦不之信也然則謂舜果有異乎側陋未揚之時耳目猶是也心思猶是也如是而竟欲别野人而二之室惟野人不之鮮恐舜亦不之鮮也然而其所以異者固自在也則盍不驗之聞見時也

筆筆清楚絕不虛為暗動下意
委乃見其能事

與木石居與鹿豕遊

陝西楊宗師科考　秦　振
潼關一名

觀虞帝之居與遊，若無所擇於物焉。夫木石鹿豕，固深山中之蠢然者耳。然就未動時以觀舜，不且與之居與之遊乎。嘗謂聖人固首出庶物者也。然以人觀聖，而凡天下之賦質者，無一與之並。其諸若以聖自處，即極天下之蠢然者，皆可引之以為徒。盡觀舜居深山之中乎。天命之初，萬象皆寂，深山實為寂境也，而于是處處不嫌儕跡於巢由。人生之始，萬物皆備，深山未嘗無物也，而托足於斯，亦自怡情於邱壑。當是時，豈必無所居而止，不擇所居也，不有木石乎。豈必無所遊而止，不擇所遊也，不有鹿豕乎。聚天地絪緼之氣靈而爲人蠢而爲物木石鹿豕固亦分二五之精而並産於兩間者也但山有木石而不觧與人居深山有鹿豕而不解與人遊以其爲木石鹿豕也而何知耕稼之内有聖人極宇宙馮生之衆或賦形而静或賦形而動木石鹿豕固又分陰陽之氣而禨處於寰中者也乃木石居於山而舜即與之居鹿豕遊於山而舜即與之遊若不知爲木石鹿豕也而直於異類之中忘物我達士之曠懐久愛木石以爲娱然獨於其中囿而不能遷也舜豈有愛於木石乎第以爲可居則居焉木石之有定而舜與之居亦不妨有定也亦以無情者付之木石而已矣幽人之高尚每樂鹿豕與同群

與木石居至遊

然狃于其中物而不能化也舜豈有戀於鹿豕乎第以爲可遊則遊焉鹿豕之去無定而舜與之遊若此如其無定也不過以忘機者還之鹿豕[illegible]已矣雖異日者平成既奏而風不鳴條雨不破塊木石咸足以徵瑞而此日之與居猶在震衡未命之先抑他日者簫韶既成而鳳既來儀獸亦率舞鹿豕皆爲致祥而此日之與遊尚在山澤未[illegible]焚之日而舜已深遠矣

與木石居與鹿豕遊

馮學院科覆興化府學
一等第四名　許琛

隨所遇而與居遊，聖與物共適於深山之天焉。夫木石鹿豕與舜不相謀也，而舜與之居遊亦同深山有與聊相與於無相與焉耳。且人有天機，物亦有天機，當無事時，人與物同不同，未可知也。而全人則何所不同哉。是故物物有天，即物可偶，此豈同心而從之哉，亦還其無事之天而怡然與遊，其遊焉耳。若此者可與觀深山之舜，以濬哲文明之躬，即托處於山阿水湄，豈易窺其中之所存。然其時固方寂也。第覺一身之外所與共為枕山棲谷者無他物焉，居其所居，遊其所遊而已，以風雷弗迷之聖，即伏跡於烟雲泉石，寧無精靈其非於人間。然其境猶在靜也。第覺萬感未形。所與與爲晦明作息者固有物者居。與之居。遊與之遊。而已矣。知其木石耶。其鹿豕耶。天地之賦性也。人之靈不同于物之蠢。木石何知。鹿豕何知。蠢莫蠢于是矣。然生在深山者。終不以物之弗靈而外之也。而舜何如乎。聖人無情。而聖人若有情。居必有所得木石爲。遊必有伴。得鹿豕焉。夫頑然之物。詎足動聖心之流連。而虛明之衷。同無物不在所與也。而何物不在所與也。而何分于木石。何分于鹿豕。萬彙之受形也。人之貴迥殊于物之賤。木石何奇。鹿豕何奇。賤莫賤于此矣。然處于深山者。未嘗以物之弗貴而棄之也。而舜奚若乎聖人有心而聖人轉無心居不必木石木石可也遊不必鹿豕鹿豕可也夫輕微之物詎足致聖人之顧盼而淵涵之內固物物共遊其宇也而寧弟曰木石寧弟曰鹿豕最難測者聖心之神區區於所居所遊謂足畢聖人之能事乎然聖人又何嘗不在於居遊也木石間有舜鹿豕間有舜其為舜者自如耳深山靜則俱靜聊以是為天然之儔侶可也最難窺者聖量之大泛泛於所居所遊謂足當聖人之全體乎然聖人正未嘗自外夫居遊也舜也而木石舜也而鹿豕其為舜也愈渾耳深山寂寂而又寂姑以是為無懷之對待可也且聖身所寓萬物咸被其光木石何幸鹿豕何幸得仰聖人之

天而舜祗以為居遊之常。聖居所在。坤輿亦獻其美。深山木石。深山鹿豕。方自奇而附聖人之下。而舜若並忘其居遊之跡。較之深山野人亦幾希耳。而果無異乎哉。

與木石居與鹿豕遊

顧兆麟

觀居遊於深山、亦相與於無相與而已、夫非木石鹿豕、深山中誰復有與居與遊者、舜亦適然以與之耳、何容心哉、且天下惟聖人無所不與。亦惟聖人一無所與。夫謂聖人無所不與是無境而已。有心也。心將馳於深山外也。謂聖人一無所與是有境而無且心也。心將寞於深山中也。馳心非聖人也。寞心亦非聖人也。聖人在深山則亦相與於深山之中而已矣。今夫深山中何所有、有木石焉耳、有鹿豕焉耳。則夫舜之居深山亦何所與、與木石居焉耳、與鹿豕遊焉耳。吾身之閱歷在在俱無可執。然必曠達以鳴高。謂木石非吾居也、鹿豕非吾

泓其入理

遊也吾心固不有此木石鹿豕也勢必擇非木石鹿豕者而與之居非鹿豕者而與之遊勢必至非木石者而亦不與之居非鹿豕者而亦不與之遊豈惟深山舉天下俱無與居與遊者矣是欲空諸物而放于懷適以隘諸懷而泥於象也非聖人之虛也當前之偶值在在俱有可思然必棲寂以全真謂木石乃吾居也鹿豕乃吾遊也吾心固甚樂此木石鹿豕也勢必非木石而無復可與之居非鹿豕而無復可與之遊勢將無木石而必作木石之居無鹿豕而必作鹿豕之遊苟舍深山舉天下皆無與居與遊者矣是欲息其幾而屏于幽適以造其形而增夫妄也非聖人之靜也吾心無木石鹿豕而誰能與居

誰能與遊木石鹿豕若其天而吾亦安于素也吾心有木石鹿豕而又誰能與居誰能與遊木石鹿豕寄其跡而吾亦托于偶也居者有一舜遊者有一舜初不関在物之情群然而與居群然而與遊又豈存聖人之見當其無聞無見固如此哉

空明澹折如一泓秋水徹底無滓 原評

實有妙悟意味炙轂而入出如此清轉之文乃非空滑者所能藉口

逸民伯夷叔齊虞仲夷逸朱張柳下惠少連　吳玉綸

為尚論者發其凡而以逸民槩之焉夫曰逸民亦各守其一節者
耳記者因夫子之論而先舉其人以次第之有如此嘗思魯論誌
孔子作者七人一語其說統同其名湮沒而不彰厥後微子一篇
大聖人欲明用世之道而論列諸人記者舉所論者而誌之并所
未論者而類誌之此其人非必同於作者也而其數有適相符者
皆以逸民槩之若曰人之欲用於世也久矣世未舍而我藏焉是
隱也世既舍而我藏焉則逸矣而惟無愧於逸者乃超然於風會
之閒世之需夫人也久矣均是人也而民之辨乎人之分也均是

是卷此處[illegible]真種子亦是合併體

民也而天之盡乎民之量也而有混迹於民者竊穆然於商周之季伯夷兄也叔齊弟也西山偕往與虞仲類乎若其行事不槩見者曰夷逸又曰朱張至惠以柳下稱地因人傳矣稽諸東夷厥有少連參之伍之錯綜之所以顯隣於高蹈而黙挽夫頹風者或以名傳或以氏傳或以國與謚傳而大都在或傳或不傳之間於此見天下之山深林密逸其迹而不能逸其聲者固自有本量焉而非伯夷叔齊虞仲夷逸朱張柳下惠少連不得附於逸之列大書特書不一書所以本其意之所是以行其心之所安者其時不同其地不同其蹤跡不同而大都在或同或不同之際於此嘆君子

之潛德幽光安於民而亦有裨於民者又各隨分量焉而若伯夷

叔齊虞仲夷逸朱張柳下惠少連猶自圉於民之中嗟夫茫茫人

代顯晦何常踽踽行蹤風流如在明知天下事大有為而古之仁

聖賢人如夷齊諸君子竟守一節焉以老於民而終於逸其他則

又何望乎夫子所以論列之而自明其應世之道也

題畧清題解的題蘊有餘而題神究足六雅作遜此高渾多矣

名程何起 館侍郎庭隆跋

虛佇神素脫然畦封無一字一句沾滯也是為獨出冠時籠罩

一切 内監試 方林

頂上圓光照徹三界要認是本身面目雄古秀逸諸相具足一切焉得不降伏内收掌顧元揆

逸民伯夷 一節　　周袒 五十五名

歷誌古逸、全乎民矣、夫逸非遺世之謂也、首伯夷以終少連、不有全乎民者耶、嘗思刪書斷自唐虞、而獨不紀及巢由者、大抵謂天之生民。勞之非逸之耳。自春秋石隱者流。僅襲夫自逸之方。而初不識所以為民之理。是則民而逸。非逸而民也。吾不得舉逸民以概之。正可即逸民以正之。夫所謂逸民者。其人皆天民也。不曰天民而曰逸民者。蓋隆於遇。則謂之天。而阨於時。則謂之逸。道在匡扶。惟斯人實負長民之望。至所遭不偶。而逸以名焉。則默契之神明。不妨堅確以行其是。而民之行也。猶得以嚴備。而端風俗之原。

學存經濟惟斯人實為民望之歸至所濟多艱而逸以老焉則獨成之氣節不欲推擴以出其材而民之責矣猶得以古誼而挽綱維之弛至逸民若此夫豈石隱者流所可假托哉蓋嘗溯芳躅於西山而思夫薇蕨興歌共秉千秋之亮節彼夷齊者不特義形於色克追遜國之仲雍柳亦民到於今不等無稱之夷逸也冠以逸民之首而其餘各以類從矣因之訪流傳於軼事而見夫規模粗具究同一代之儒宗彼朱張者不聞屢黜於小官而淑行還符柳下未著三年之苦節而芳聲不減少連也卓乎逸民之中而此外良堪偕躅矣然則夷齊諸人之得成為逸也即所以全乎民者哉天

下惟絕乎民之跡者而其逸乃真身不儕晚近之民因逸而表其丰規心欲追太古之民因逸而完其性分也之數人者得時則駕寧終特立而獨行而坐困於氣數之難爭遂養晦以共高其節溯風徽之落落不必據一時一事揚其人君於相之廷天下惟略乎逸之名者而於民乃貴爲山林而逸先失其民秉之彝爲國家而逸乃無歉乎務民之義也之數人者一往不迴原自獨清而獨醒而加任夫綱常之難謝遂歷久而彌見其心追姬氏之逸逸政無煩大書特書乞其名於史臣之筆惜伯夷諸人全乎民者卒泥於逸也而夫子異矣

逸民伯夷叔齊虞仲夷逸朱張柳下惠少連　周廣業　二十名

稽逸民而列其名逸不同而所以逸同也夫目之為逸民必有所以為逸矣夷齊諸人殆不約而自同者歟嘗思周之興也特舉逸民夫舉之則以逸始不以民終矣乃夷考商周之季有高風峻節獨標品望者雖跡難概合而意孤行自俯仰數百年其姓名猶堪縷指也蓋天下有絕人逃世耽泉石以自娛者其伏處可稱為民而未得目之為逸巢許之輩自與世無情而已抑天下有輕世肆志辭寵祿以鳴高者其見棄可號為逸而所向有愧於民沮溺之徒亦終於泯滅而已若所謂逸民者其人皆有濟世之才知幾之

識而厄於時命無所施為於是以若近若遠之概成不臣不友之風以余所聞墨胎二子伯夷叔齊者義至高而太王之昭亦有偕伯氏遜國者曰虞仲外此若夷逸若朱張事雖失傳要與柳下惠之見黜宗魯少連之寄跡東夷均為卓卓者也夫此數人之逸時有後先名分顯晦而顧同類並舉者豈無意於其間哉諸矜於所絕雖能事不待相師故論逸之最先者無如虞仲而必由伯夷叔齊遞推及之知西山之茹薇不必於東吳採藥曲為規摹而逸以下可知矣況乎惠為直臣史傳美謚連為孝子記有明文亦祗此篤念君親而後人徵求譜牒且上溯夫大老遺蹤其興代易風同

之感逸民所以後先輝映也情激於所難在處名尤非逆料故論逸之最晦者無如朱張而竟從夷齊仲逸連類襞之知先朝之遺裔亦可與予考軼事並切闡揚而惠與連視此矣況乎泰伯與虞仲偕逃而不擾夷之例大連與少連競爽而不同齊之科初未嘗意為進退而今日大書姓氏幸不至嘆儒生芳躅致難文殘獻闕之傷逸民所以顯晦同揆也特是夷齊雖賢得夫子而名益彰況在餘子蓋自子之論定而逸民至今傳矣

逸民伯夷　一節

吉案師科試取第一等一名　孟在安

歷數遺逸之民，以其偏於逸也。蓋道貴適中，夷齊諸人殆各得其性之所近也，非偏於逸
而何？且逸夫中至正之論，往往不可易，或有得其一偏者，遂足光昭千古。蓋覘乎其品
不必盡當於時中，而核其人即可超於其技俗之風，旨落落之行蹤，殊令人溯風懷想
樂稱其生氏之周詳也。今夫人介介自矜，未能變易，不拘而逸成，此豈先民之所忍而出
此我豪傑之經綸何必，而嚴棲谷隱，自有深衷。故至人仕止之機，未易輕期，論列聖而攄脩有
素，獨淨於儉潔，懷貞之際，覘氣量之獨殊。國家之陵替靡常，而旋乾轉坤，端賴絕諸塵世
道維持之力，不能強致其推移，而孤潔相高，尚可於渾世遜之餘數著型之逸集。庶幾若其人
則伯夷、叔齊、虞仲、夷逸、朱張、柳下惠、少連者是。且夫若人之氣，是其逸者，其淪落雖原於不遇，
而其孤子空存，誰襟懷宇宙擴然耳。夷齊此人，後先相望，未必皆不逢時，假令商周之

朝春秋之世，肯出其聰明才力以委曲周旋於凡不與道大適乎？顧蘊結之真，別有所寄，偏託諸荒涼滅沒之鄉，論古者準弗以為逸也，而究之識以偏而愈奇，意以僻而倍新。上下古今，逍遙有盛衰，惟諸人不能畧更其守；時有隆污，非諸人實難救乎其獨也。夫固飄然遐舉矣。黃農淼仰也，夷齊諸人次第相師哉。等意諸人世假令父母之邦見容之國，驕致其覲，莫然欲曲以強存遷就，詎思遂長此終古哉。頑嚚為之，概出自性成，獨耽乎蕭條寂漠之況；攷古者時不滿其逸也，而寬之情以往而念深，顧以綺而固遠。夷華古今文遇合無時，惟諸人不能畧易其操；防維有定，匪諸人實難变乎其俗也。夫固適然高蹈矣。吾于是而喜諸人之逸非凡也。為兄弟而逸，商有夷齊；為父子而逸，周有虞仲之至矣。夷逸朱張，與惠連相繼而起，獨行踽踽者，舍逸之外，無可取法也者。故凡為此臭味之楚接而衣冠警欬，恍動人以合符節之思。吾於是而嘆諸人之逸未至也。登西山而逸不

免食薇之苦逃荆蠻而逸誰憐採采之蹤甚至不見經傳周柳下而僅存軼事高風逸

以若性逸之中偏為擴長也者故有此声氣之相感而因明性情寫入以寄暑觀之

逸以益務彼孤蹤早有絕塵之想而考茲其品恒存愛慕之私独是逸則逸矣衡以乎

不可之夫子則猶未免限於一偏也

吉宗師評

持大昌明如潔年可多少可轉出逸民手而本位目送飛鴻清 真雅正寫富之

逸民伯夷　一節　　姚加榮 名十二

民以逸稱、約舉其人焉、夫至逸而為民、其所以逸者可想也。歷誌夷齊諸人、殆不同而同者乎、嘗思春秋有夫子、一車兩馬、卒老於行、蓋天欲逸之而不忍自逸者也。而一時沮溺丈人輩。以絕人逃世之為。假托於抗懷矜尚之致。於是逸之實不明。而民之真亦不著。求其當此。而無愧者。其惟古逸民乎。心欲爭皇古之天。而運際屯邅。難挽波靡之積俗。不得不孤行己意。自成潛德之幽光。道足繫蒼生之望。而詣殊純化。惟行曲守之常經。遂相與特立人寰。獨振高風於素履。粵稽其人。若伯夷、叔齊、虞仲、夷逸、朱張、柳下惠、少

達非皆逸民之流耶之數人者遇窮於君父家國之間而委曲固
各成其是心超於富貴勳名之外而孤高要其矣其真時地之不
同也曠代豈能一轍乃彼懷芳履潔莫不各行夫意之所安而商
不得以爲臣周不得以爲子有托而去同竄遐荒史書不紀其事
忠孝不暴其名長此以終遂超流俗何嘗計後之歉歔憑弔者猶
得循名責實而綜核其里居世系之傳品誼之各別也出處豈必
相符乃彼刻意矯僞莫不繫心於天下之事而求仁者躬爲世胄
遭與野處之獨行競此流芳秉直者林居卑官亦與衰毀之餘生
爭烈隱德不禁使後之論世知人者爲之舉類稱名而位置於無

懷蔥天之世吾用是知夷齊諸人之逸有難與為繼者焉夫入荆蠻而採藥伯也先行而至德無稱且難偕孤竹之高蹤同歸鴈序則外此之不夷不齊不仲不逸不張不惠不連者可知也後先輝映之餘欲增一人焉而不能而數子實可敵有周之八士吾故以知夷齊諸人之逸有相得益彰者焉夫仰古處而希風張不入傳而翱遊同心依然繼採薇之芳躅其附鴻冥則亦逍遙其為夷為齊為仲為逸為張為惠為連者可知也碩果僅存之數欲少一人焉而不得而諸子乃遂符作者之七人嗚呼其逸也皆有可不可之見者也吾黨類記之愈識聖人用世之深心微特接輿輩不足數即夷齊而下亦無以尚矣

明清科考墨卷集

第三十九冊　卷一一八

提呼

8 逸民伯夷 一節

二名 許嗣榛

迹不同而心同亦同列之逸民而已夫逸矣何以曰民民矣何以曰逸記者列叙之夷齊諸人其殆有同焉者耶嘗思春秋多隱君子而乃有類於隱而非好為隱者將謂古今人不相及矣頗聖賢行事亦或出於不得志者之所為而品以獨創而奇名即以共成而合則於不相及之物而古人仍自有其相及者嗚呼其惟逸民乎夫逸民何以稱也一心不與天下相忘而不曾相忘乎天下則世逸而即甘於自逸遂遂成為非潛非見之躬諸不與凡庸為伍而偏若自伍於凡庸則天民而逸者乎鄉民視自負其先覺先知之

應提

立主

分疏恰好

起筆秀立

筆情黯宕

唯是則所為逸也即所為民也且夫逸民其迹有同有不同而心則無不同者也古嘗有以逸而民者青宮貴介先後淪淹而採藥而行何判於採薇而食也則有如伯夷叔齊虞仲者同為否耶否亦有以民而逸者異國儒生聲華顯溪而三年守禮并不聞三黜興嗟也則有如夷逸朱張柳下惠少連者同為否耶之數人者大抵迫於不得不為逸之勢處於不能不為民之時而因之同為者也遺佚本非成局而勢無可逭若屬其不渝之節而定以主名乎載有賞心落落者不逸相待乎而當日之或以遜國而逸或假也以而逸或以違俗而逸觀其合以繫其人而相得益彰遂覺是

極白為捷

應講

語穴

之未嘗使獨沉淪不少同悲而時莫如何乃激其不易之操而傳爲若躅空山所寄託寥寥者真莫與京乎而當年之盛以貴胄而民或以學士而民或以下位而民岐其塗以歸於一而相連而及愛亦儼人之必於佚嗟乎北海待清西山長餓既勾吳之可適即斷髮其竄辭他如誌厥里居稱名亦晦書其姓氏行事弗彰柬直而就小官教孝而居東國若此者要亦俞望後頑興起百世者也誰謂古今人同不同未可知耶蓋自夫子論定而夷齊諸人所以同列逸民也我夫子亦自附於逸民之後乎然而異矣

樸園爲深玉潤珠明

○○○逸民伯夷叔齊虞仲夷逸朱張柳下惠少連　陳　錦　元

誌逸民而列其人同於逸者也夫國有與立民是也而不顯則逸也夷齊諸人時地不必同而其為逸民則同故記之嘗思天下有相似而不同者其隱與逸之辨乎春秋時多隱君子丈人沮溺輩未易更僕數矣說者曰此殆逸民之流與而不知非也隱者並其姓氏而隱之逸者且不僅以姓名而傳之逸有逸之事即逸有逸之人則嘗信之於魯論之記逸民上君臣在淵大人有可乘之時位下而至於民則詘其耳目心思安於卑賤其勢能屈而不能伸先知先覺君子有自任之經綸變而出於逸則舍其勳猷事業愛及

廉隅其道能藏而不能顯此逸民之名所由命也商之季其有之矣興懷虞夏甘采薇以長終者有如伯夷叔齊周之先亦有之矣遁跡荊蠻託采藥而不返者有如虞仲他若行藏不載篇章姓氏空留齒頰則夷逸朱張其人在焉又若東直者仕無妨於三黜教孝者禮自萱以三年則柳下惠少連其人在焉夫此七人者不盡民也而不盡逸也而民之而逸之何哉大抵由皇而帝帝而王而霸五德本代興而民之名與天地無終極則知為此稱者獨予以默持世教之大權惟七人乃有以盡之而凿：之說何論焉當日者或貴冑而逃于民或卑官而伍于民或志乎耕布乎聖化行

乎海而皆等於民推其隱若不必為君為相為師為友而祗宜為民也則民之而已矣太上立德次立功次立言三者俱不朽而逸之實雖父兄不及知則知成此詣者各自有萬不得已之苦心惟七人乃足以當之而冥冥之踪不與焉當日者或仁讓以終乎逸或窮阨以安乎逸或取其義存其名傳其軼事而偕歸乎逸推其意并不知有經有權有常有變而竟成為逸也則逸之而已矣否則可不可之辨明而逸之名定於夫子之論具在請詳述之

積健爲雄涵蓋一切

8 逸民伯夷 一節 趙士霖五名

序古人而冠以逸民。推聖意也。夫將述夫子之論。而先序伯夷諸人。記事之體也。乃推聖意而以逸民冠之。何善會哉。嘗思士無論古之識。雖加以至美之名。古人亦不樂受也。學者幸得飫聞至教。歷數前賢。而於不同得至同之情。遂於言後通未言之意。如魯論之繫逸民是已。夫記事者必先經以起例。所謂序也。或後經以綮義。所謂斷也。則謚之列。序伯夷叔齊虞仲夷逸朱張柳下惠少連。宜也。而曷為先以逸民斷之也哉。同在屈伸往來之內。卷舒亦復何常。乃人人有家國天下之繫。而委而去之。以成一己之高。則不

得不如其量以相償而指而名之曰逸共此升沉運會之中顯晦
豈容過執乃明明釋天地民物之任而優而游焉以安無位之樂
則不得不據其跡以爲定而專所目之曰民夫世之名伯夷諸人
者衆矣無論歌薇采藥與有商一二逸老爭艷稱之即稱惠連者
亦相與嘖嘖不衰或以爲古之聖或以爲今之賢豈知當日聲華
闇淡不欲顯名於天下避世而原非逃世七人而如出一人乎統
次之以逸民蓋適如其心之所欲而各得其分之所安也才可以
俟王學可以神聖而窮於所遇賁素志而長終逸民之所以爲逸
民者天也乃至兄先弟後東齊爭日月之光而虞仲未與泰伯同

傳少連不俗大連並記豈逸民之外備有逸乎此七人者固相望於千載之遙而氣類快然其不孤者矣夫心有剝復人事有屯亨而世欲見遺經吾情而不碩逸民之終於為逸民者人也乃至前古後今東惠表清和之譽而不仕者命名有義似聖者考行無徵豈逸民之中復有逸乎此七人者要獨立於兩代之季而風徽卓然其不朽者矣夫逸民之名古未有名之者自夫子論定而後知記者列序七人本聖論也其先繫逸民者推聖意也

逸民伯夷　一節

戴福基十名

民有以逸終者，紀其名不欲逸其人也。夫非終於逸，而何為以民稱也。歷數夷齊諸人以實之，其人逸，其名豈終可得而逸乎。嘗思徵于一篇，紀聖賢之出處特詳。於殷則稱三仁，所以全乎其臣。於周則稱八士，所以全乎其士。乃有不為臣不為士，而不必繫之為殷為周，而獨標一格曰逸民，又何以稱焉。天既予以曠世之資，豈欲其以編氓老，乃逸也。始全乎為民，遺物遂，姑聽焉以高其位置。斯或遠或近，聲相望於山林朝市之間，世既推為拔俗之槩，非欲其以淪棄終，乃民也。遂成其為逸，若人祇自安焉，以遂其孤高斯非隱非潛逸相接於治亂興衰之會則有如伯夷叔齊者有如虞仲夷逸朱張柳下惠少連者非皆逸民之卓卓可指者乎逸有不盡出於民者我觀食薇有高蹈寧非貴國儲君采藥有孫踪猶是侯封介弟斯豈直與窮而在下者同歸而何為盡以民稱也想當年超然長往而爵秩功名皆其度外則綜數人之梗概而目之以民知其願為逸而惡此而逃者皆其安於民而遯世無悶者耶民有不盡關乎逸者我觀宗邦有遺裔史書競載其賢東海有芳徽奕世尚稱其孝斯豈得與沒而無傳者並列而何為俱以逸名也想當年蕭然高寄而文章事業不以務名則合數人之生平而概之

以逸知其願為民而長此安窮者皆其心守逸而與為終古者耳然而逸民當日何嘗以逸鳴也彼其守不拔之操若者托迹於西山若者抗懷於東國原其心固兩不相謀也乃由局外而觀而落落孤標幾若以異代而結同心之侶焉然而逸民當日何必不以逸矜也彼其執一成之見孰則感懷於故主孰則勵節於興朝當其時正兩不相下也乃由事後而思而昭昭素履遂若以千古而訂一日之知焉蓋自夫子論之而逸民之為逸不終沒於天下也若朱張者其真以逸而逸者歟

第三十九冊　卷一一八

滕小國也間　全　　王光承

大國不可恃故當自守以求存也夫滕之城池足以守乎亦曰姑勝於事人耳且夫天下之勢生于力者也天下之氣生于勢者也當其權地微弱委頓不聊則雖神明之徹嘗見役于輿隸之子孫而不敢怨豈滕嘆哉如楚以戎蠻為封豕齊以逋逃臣盜國立號皆周室之不成子耶滕為文昭裔列通侯而服屬二國稽首受冠帶猶且誅責無已喜怒不常何其屬也文公少時嬉樂貴遊未知憂慮稍長折節好古尚思鄒叟中晚高論帝王及當國之後相智交困始知憂患之切身而近事之大可懼矣其欲專事一國托命不貳此唐沈魯衛之已事也其欲無事二國犧牲玉帛委于境上待強者而聽命焉此鄭之已事也雖然唐沈近

而遠晉魯衛近晉而遠楚故二霸不爭今滕介兩強能如四國之可
以蔽隱乎鄭為兩事之計亦幾亡矣幸晉楚皆有圖霸之心故相與顧
望不敢滅一名國以失諸侯今滕豈有盟主可恃猶以名義相羈制者
乎故曰其謀不可用也然不奉符號則必見伐見伐則必不能與之戰
故其策莫如守非謂相持數年也苟齊楚之兵狎至則兩國疑忌而不
肯久待之數月必且中變矣倘二國不為雁行以來則求救于一國頓
兵經時撓師又至則解而去矣然使卑垣平壍衛至而潰則兩策者皆
不可效故築城鑿池與民共守可也且夫獻賦大國歲歲而脩吾省一
二年之繒幣而營理城隍則數十年可以無患其利害相去何如哉嗟
乎即孟子之謀亦不可用也滕朝齊楚已久除遷閉比即諸侯猶不甚

悦。況無故而增高濬深。彼必曰是又將反我矣。適所以趣寇而速兵也。即文公本國之民。亦安足與守也。地狹户少。而征求日倍。則其民益困而思亂。豈如大國地廣户繁。稍得自寬。而樂于保聚者乎。然則勢屈氣盡。雖孟子無如何耶。蓋亦封建將變之時。故天皆驅除小國以成其勢。非聖賢之短于謀國也。

滕小國也間 全

車學院歲入閣
縣學三名 周樂

事強非長策盡其可為而已夫滕固小國而君民未始不可為也君效死而民弗去齊楚雖大何畏焉令夫守國者為所不可為則恥與辱之不免雖賢知不能謀為所可為則強與大不足畏而在我有可恃矣在我所可恃者何也曰池也城也而所恃以與我守此城池者何也曰民也而民之可與守此城池者何也曰鑿之築之君與民守之效死而民弗去也此豈非小國之可為所恃以悍強大而不畏者哉奈之何文公不悟以事齊事楚之謀問孟子是豈舍事之外別無可為耶且夫滕雖小國固未必帶水之不足于環衛雉堞之盡皆圮

毀斵之者誅各鳥獸散也闢之國君死社稷則斷無奉先業以事人而國民尊長上自不忍背君公以他徙誠使無事而惠愛頻加尊君親上有以作其氣于平日將見有事而致死無二遺親後君豈忍携其志于崇朝安見齊楚之不可敵而國之不可守也哉然後知國以君為主君以民為心城池其依以為固者也君以守死為正民以弗去為義鑿築其所當有事者也可為惟此而已餘又烏能及哉甚哉

孟子之善于謀滕也

滕

徐香

滕有至危伊可懷也夫滕之勢固難善全矣身其責者曷能忘之文
公曰高賢惠臨心竊疑之區區敝邑不足傾長者而疆圉之求固未
嘗一日去於心故不禁撫遺業而慨然也今日者強藩鄰食悍服豕
心而叔繡之遺封孰不早夜念及之曰滕也哉想先王封建之時甚
載諸盟府者世世子孫無相害也而至於今滕不能恃先王之命抑
先公賜履之後其垂諸訓詞者曰勉而後裔毋替前勳也而至于今
滕不克邀先公之靈夫滕文昭也周重宗盟序列外侯之上乃昔之
滕處先而今之滕處後滕侯爵也瑞執信圭位列子男之首乃昔之

滕常尊而今之滕常卑泗上而稍侵矣譚不有其譚遂不有其遂而滕猶無恙也則所以計滕者益至漢陽而寔盡矣江不保其江黃不保其黃而滕僅如故也則所以慮滕者彌深夫滕何恃而不恐哉垂紳委佩者非霸佐之才滕之君子恐也秉耒荷鋤者非雄服之師滕之野人恐也官山府海不見於龔丘滕即有倉廪恐其衆日困支也金木竹箭不產於故址滕即有府庫恐其物之告匱也滕亦何恃而不恐哉我父兄持危定傾朝夕之圖維亦云至矣而欷歔無策將若此滕何也我百官殫心極慮夙夜之經營益盡瘁矣而謀夫孔多終奈此滕何也蓋卜正之祀滕寔主之而疆里迫欲圖

存宋襄之辱滕將失之而彈丸誠難自守魏茲封邑逼處兩强將頓
顙誰氏之庭以固吾圉也

滕 徐香

第三十九冊　卷一一八

齊

陸師

至聖以禮臨天下有齊之德焉夫齊所以齊其心之不齊也至聖之存乎禮然有不齊而亦齊者乎且夫一人首出萬物作睹莫不潔齊以相見矣而不知其中藏之地已有先萬化而整齊之者天下莫能窺也而思其念慮之所寄固已肅然神遠矣至聖禮之德齊則共一也人心之憧擾甚無端耳及投之以非常則雜者皆能以自飭故三三不可以為齊惟主一始可以為齊齊者不雜之義也物感之乘除又滋雖耳及試之以大典則僞者皆能以盡神故好動不可以為齊惟能靜始可以為齊齊者定誠之意也天子之內事惟祀故見于南郊則齊見于祖廟則齊而他非所論也乃聖之內念精明雖當明堂

寂處儼乎若天地之鑒于茲而祖宗之臨于上斯則齊之至巳天子
之外事惟戒故貫于祖則齊儆于社則齊而餘非所事也乃至聖之
神明乾惕雖當端拱垂裳凜乎若爵人之必與衆共刑人之必與衆
棄斯則齊之極矣蓋齊在心而不在物絕世之神靈因巳洞晰乎理
欲之原矣至于聲色之不邇貨利之不殖無非慎保此聰明睿知之
德是齊所以善全乎其爲貴者也齊神爲上齊形次之仁義之變盡
罔巳廓然于性命之地矣至于掃除嗜慾之端恢弘道德之器無非
曲護此廣大精明之德是齊所以與仁義而相成者也或鑒之天
道以祓其心或參之人事以一其志則日用俱有所約束焉並不必
借左盤右史以爲繩愆糾繆之地而其齊也巳精覩于前而有與

真是問答

不行也孟決矣然則其遵道而行也究何嘗遵道而行耶

旁見側出摹神繪理縝密確定之中却帶烟霞之氣眼中之人誰能與之抗者　筆筆如題說不走下句　原評

翻新出奇抉出如許妙義即令慶曆諸公見之未有不變色失步者　慕廬先生

齊陸師

齊一變至　一節　　黃淳耀

兩國之變不同，而均可以至道焉。夫齊魯之季世，皆非其初矣，變之雖有難易，要之以周道為準也。今夫一國之勢，嘗聽於開國之人，人亡而勢變，則又驅一國之人以聽一國之勢，此治乱之大較也。有賢者作，從已後乱之後而力矯之，則守國之難與開等。雖然，其治乱之淺深可考也，而其致治之遲速可推也。請以齊魯之先論之。周公，是以周道治魯也；若齊之先太公，亦以周道治齊者也。然太公以暮年戡乱，則於禮章樂辨之事未暇以詳，而後世之言兵者得托焉。托之者衆，則雖子糾自誣且□宗，而浸以陰權為立國之本。於是僖公小伯，仲九合，於後齊之規模恢然於□。綱紀維繩墨漸即於消亡。周公以七年致政，凡建官立政之細，並有成書，而禮者得據焉。據之者深，則雖君父已自踰其短垣，終以陰□

随於陳鄭之間依倚於齊晉之國魯之氣象蕭然矣[illegible]也而文[illegible]

故齊之難夜者數端而陳氏不與焉魚鹽盡守於國則其利奠散也公族[illegible]

則其本難固也並妻亦嫡習為固然則尊卑上下之序難正也若此者魯之所[illegible]

之所有今日之齊所有而太公之齊所無也魯之為變有數端而三家與焉其[illegible]

無奇功則服器易守也其戰無奇捷則禍乱易消也其通國大都無私家則尊卑同親

親之屋易復也若此者至魯而止至道而全魯一變而周公之道得全猶齊國變而[illegible]

太公之道得全也然而有多潤澤之才與之言更化必抵掌而起及其迴翔則一撥則又[illegible]

不能終日魯以相恐為國與之議王道則本末粲然求其慷慨激發則又絲無一也豈[illegible]

坐是周公之公亦二帜竟不可復而説者並移其咎於開國之人且以為知今日[illegible]

[illegible]

借予齊事

引八

言襯確

齊人將築薛吾甚恐如之何則可

齊自全之策者若深爲薛慮焉夫使薛不築則滕猶無患也今齊將築之滕果何以自全哉想其謂孟子曰寡人逼處此邦固無日不岀所以待齊之策也然使我勤奉命彼安無事則我心猶可藉之以自憪也乃不謂居然逼者且有漸焉相及之勢則怵惵之患將何以弭吾圉也思先王封建伊始昭大訓而載盟府曰世世子孫無相害也凡我有邦果能奉令承教毋背前盟則大小相字彼此無虞豈不善哉乃不意今日之齊則異是卑將脂焉將秣問齊人以何往則非向三晉之闕也非備中山之也則在薛旅將設旌將建問齊人以

何事削非敵趙之武卒也非銳師也曰將築薛使水山隳隔
與我有漢不相關之勢吾亦何事輾轉躊躇倉皇莫措哉乃情形之
相依久矣縱齊人未必有他顧之想而存則俱存亡則俱亡蚤動戒
以輔車之慮雖威武是臨在彼亦無可如何之勢吾亦何必預防毋
患早計自全乎乃利害之相迫甚矣當此際僅爲坐視之謀則欲弭
可敵寇不可覬能勿重我以脣齒之危優游無事之日每以弱小相
均循而相憐而今何時乎既東封鄭又欲繼其西封雖秦人亦以虞不
憂而吾寧無恐乎乎強隣欺壓之秋既以疲敝自傷無能相救而肆
違也假道伐虢隣人因之不臘晉師業爲己事而吾將何恃乎乎如

二章確切
敦陛鑒

何則可。願夫子明以教我。

齊莊中正足以有敬也

宗師月課　取第一名

王錫畦

至聖臨天下以禮，斷舉之而見其足焉。夫臨天下必以禮，以言乎齊莊中正，至聖則備矣，寧有不足於敬乎。且天生聖人，以為神人主，則必先天下而端其作則者也。是非禮無以為臨矣。夫禮之德嚴其合也，而有分以見之之數；禮之德周於用也，而有條以治之之原。雖未及於天下而已可斷舉之，以見其能事之先，不開其至聖以聰明睿知之姿，而主仁與義，能已見於天下矣。雖然，闡述太甚，藏焉小心抑畏之容，谷退逼多，終焉莫恭，們持之責，則以之首物出事而有飭以之範身，制心而不足也。是則雖躬事明堂之儀，以陰郊廟之奠，文飾則有之矣，禮德則未之有削也。將以樣於天下，曰足以有敬，其誰信之？而至聖則默然無聽，此誠即其能事而備焉之。意若不可以狀也，則恪恭尚焉；俠德不足以備乎其敬，則我室先天下愧而謹其可以敬臨也。實難以寫聖至心志一矣，何其許也，神明而矣，何其莊也，振蕭肅而偏覺德矣，何其中以正也。此所謂分以見之而無愉其數也。夫得節退讓，儒者所以之斂志，況聖人德象條共而尚有一事。殿渝乎其敬也，無俟雖飭莊宜而信之也，性情德之而有餘矣。玩怨不可以取民，則統業尚焉執德不足以被乎其原寡我先以為天下範而謂其可以感臨也良難以思至聖齊以肅其心而天下見其不二矣莊以一其容而天下見其不佻矣中以建極正以居作而天下見其先之而然於矣恪詳儀緣以給之而然裕其原也而夫莊敬日強君子所以之進德況至人心存兢業而尚有戒微以且乎其敬也魯侯植璧秉珪而決之也神明於之即是矣且夫至聖固非有素以求敬也事未至而求敬有素要見素之所為先急非即時之計為猶渝至聖則不迎於其先而有儆有豈穆然見天子主一之存焉我思臨天下者或有恃其矜才傲于驕亢致天下議其王度之未謹者矣孰有如至聖之肅乎不可犯也哉又非先至而始敬也事既至而始求其無不敬安見心之計為先觀非即事之所為或忽至聖則不弛於其隱而惟實惟清儼然見一人慎獨之修焉我思臨天下者亦有循規守矩過為曲謹使天下不議其勉強之未忘者矣孰有如至聖之肅然其可仰者哉人才不論非僅為寡過之存或微自密直以惕若一之原至聖之禮德如此而不止此也又有前民之知之德在

文理精通涵蓄純熟持滿而發貴于萬選青錢洵為九考之則

齊莊中正

介孝瑹

禮之德備于心，至聖之所能也。夫至聖亦何所不能，寧獨遺禮之德乎。齊與莊也，中且正也，是可以驗所存之禮德矣。且一人起而臨于萬，苟無以作之則，其何以整齊利導于天下。則禮之德其尚矣。然而探之有要，探之有原，必先有無禮之禮，（不可移動）裕于吾性分中也。至聖之德，豈獨仁義已哉。吾又將徵之禮，禮為制作之本。天秩天序，有所從來。然其自天而之乎人者，則已屬至聖之身。（內路說入）禮有經曲之施，三百三千，皆其後起也，乃其屬乎人而仍未離乎天者，則猶存至聖之心。雖然，至聖禮之德，吾亦安從而窺之，蓋嘗驗夫人情之下烈有與大相反者。未嘗有（原評措細）酬酢之端。而心已紛紜而不一矣。擾擾彼。俟人其能齊也。亦或有矜持之容。而心寔故縱而不檢也。致于外乎內。安見其能莊也。偏陂（股法變換）之見。膠固于內。不必俟其太過不及之形已形。吾預揣其心。不能無過中之弊。邪僻之念。雜感于衷。不必俟其流蕩馭禄之私已著。吾早料其心。不能無（反面點睛）失正之嫌。是皆大反乎禮之德者也。因是思之。而至聖不從可知乎。何無一時而不齊一其心也。雖（四字各有精確。何處著一露祖楷花鈎）燕居之地。恍乎承祭焉。豈其天祖相臨。而始深對越之思。存心之齊者。惟至聖能之。何無一息而不嚴翼于心也。雖獨處之地。儼若臨民焉。豈其臣庶相接。而始立恭孚之極。存心之莊者。惟至聖

能之。且其心無為也。乃協于中。寧必、建中于民。而始見其中哉。何思
何慮之天。自有所範圍焉而不過。則惟至聖為能中。沖其心無私也。
〻守至正。寧必正己率物。而始見其正哉。無反無側之體。自合于典
而〻有常。則惟至聖為能正。若此者。神明內斂。絕無匪僻之生。矩
彂乎藏。自有篤恭之象。齊莊中正。禮之德全矣。吾知至聖之于敬。弗
無不足也
與四肢電析霜開。正面四肢金堅山立。追逐歸胡。豈復走且僵
耳。

齊莊中正　二句　　陳夢雷

至聖備礼之德、而敬之在中者詳矣、蓋敬亦臨天下之一端也、齊莊中正、敬之詳於內者何如哉、且至聖出而臨天下、則其德非一二端已也、乃進考其中之所存、而君臨之全範已具焉、益秩叙所彰、在與天下相見之後、而儼翼所發、則在與天下相見之先、雖聖德之分形猶不盡此乎、而即此亦足臨天下而有餘矣、誠即有容有執、而進求之、至日而既知矣、然大度可以容人者、小心無難以自發、何以觀守至聖而淵衆以蘊、已宏天下而負其律度之節、裁制內、精密深嚴、厥見其有餘者、競業或虞其未至、何以觀於至聖而粹備咸周已、天下而昭其肅雝之度、則其德可進詳也、撫万几而出治、貴以欽翼

者昭統馭之宏模然使立意稍郎于私居心稍形其玩識者一窺其
怠荒之日積矣若至全則澄清以自治而私僞勿間其神明整肅
自持而非凡不能於心者見以為結一者復見以為端處也其心
之齊莊有如此者統臣庶而居尊貴以祗恪者亦穆皇之懿于然使
本念稍郎於偏居衰或戾於則識者早知其戲渝之日衆矣若至全
則意主于無私而有餘不及之俱化埋規於至當而依違矯枉之習
忌則其欽其允執者亦共見其協宜也其心之中正有如此者若然
者秉淵塞於厥衷初未嘗與天下示其恭肅也而恭肅之道禔此矣
益敬之見於事者猶有或弛之偷敬之襟于心者必無或渝之志人
或待王度式昭始共欽其衷畏也抑知其令儀所著不外茲無違作

所之怀也引若此者備懿美於一心初未欲與天下見其儀恪也而儀恪之模具此矣蓋敬之見於仪文者動靜有或迭之勢敬之全于性始也且明有日慎之功人或待皇極懋端始其欽其儀瞻也抑知其矩矱攸彰已決於整齊自持之素也哉盖湯即其德進斷之回齊莊中正是以有敬也然周禮之所存而亦心德之分見者乎茲而猶未盡也

齊莊中　陳

黿鼉蛟龍魚鼈生焉

茅坤

舉介鱗之屬，可以徵水生物之功矣。夫水流而不息，則其生物之不測，抑有不可得而盡者，孰得而測之乎？且水之在天下也，秉氣機以流行，而凡物之附于水也，則亦因氣機以生化，所謂不測者，豈可勝道哉！蓋水得天之一以生，而天之氣所爲相生而不能已，則亦附乎水以運其機；水得地之六以成，而地之氣所爲相結而不能已，則亦附乎水以顯其象。或得之而爲鱗，鱗之固族於水以鬐而揚者也；或得之而爲介，介之亦族于水以跋而行者也。于黿鼉也，吾知其疑于獸焉，而其所以噴波濤而上下者，吾不得而知也。于鮫、龍、也吾知其疑于神焉而其所以乘風雲而變化者吾不得而知也于、魚、鼈也吾又知其人而鮮食焉而其所以隨江河而潛躍者吾亦不得而知也爲氣化爲物化其類不同而均之以水爲宮沼則均之假乎以成大以成小而鼓盪于天地之間矣寧能以盡紀其名物之繁乎爲淵沉爲天飛其變不同而均之以水爲溝壑則均之即乎水以並育以並行而揚詡于法象之內矣孰得而博綜其品類之庶乎水之物之不測者如此要之天以誠而統其神于上故其生于川者流而不息也地亦以誠而統其形于下故其育于川者生而不窮也觀乎水而天地之所生物者可知之矣觀手天地。而至誠之所與天地參者可知之矣。
將六物黙化揔爲生焉二字傳神賦水賦則靈賦物則滯此文
機死生之别　許藴源
六者大小不同怪常亦異揔是拉襍枚舉以形容水之生物不
測耳若呆寫六物水中族類儘多生焉二字轉成滯語只作凌
空舉似觸于煙波寫六物都是寫水并是寫天地字裏行間處
處有不測二字之神乃令讀者不覺望洋意遠

第三十九冊　卷一一八

臧文仲其　一節　　朱　朗

位不公之于賢、無異乎竊之者矣、夫位非一人之私也、有賢如惠顧知之而不與立乎、謂仲為竊位也固宜、嘗聞位以待賢、故賢者必薦之於位。而在位者亦因以薦賢為賢。蓋公其位于賢。而不私斯受其位于己。而無愧。大臣集思廣益。道固爾也。有是哉、居然立于朝。而自以為有位者。臧氏之仲也。噫嘻。仲何位哉。是直竊之云爾。曷言乎其竊也。蓋當仲之時。稱賢者無如柳下惠。不然。展喜受命。岑曷取信。其何居焉。而至今攷惠之跡。仕于魯。位不過于士師。黜且至于再三。世之論者曰。賢哉。惠。惜其無有知之者。故卒以不得立。

終而孰知惠之賢固早已見知于文仲哉仲而不知也三筴之義
何以見推仲之於惠既不得以不知謝其責仲而知也推轂而與
宜所急行仲之於惠亦寧得以一知卒乃事而不謂仲且止此也
間仲之時有蒙汲引者為惠其人乎明知國士而竟遇以衆人仲
無寧不知惠之猶愈也而不謂惠且得於仲也閒魯之廷其列浚
明者有惠其人乎陽為相知而陰實為相忌惠不幸而為仲所知
也矣君子于此不為惠惜而為仲恨不為仲之不與立恨而深為
仲之知而不與立恨也吁嗟乎家臣之賤也而升之筦庫之卑也
而舉之僕御之微也而薦之匕分薦賢之風諸名卿間時有聞於

仲也據高位而乃默默耶稱其舉讐不為諂立其子不為比舉其偏不為黨以人事君之誼數十年來猶有傳者仲也處上位而顧泯泯耶試令平心以思娼嫉之罪何以自解豈宜居此而不去雖其隱忍就列負乘之愧無地自容未免取非其有而不安鳴乎非竊位而何哉以予所論仲之不仁三不知三而其甚者莫如於惠一事厥後紀也以防請後殆亦文仲竊位之意與

默而識之　一節　　吳銳

心學無間於人己、身有者轉不自有也、夫夫子何所不有者、乃以默識為學誨而不厭不倦、且不自有也、聖人望道之心、如是夫、若曰、不身親乎其苦之數、亦不及知居業之難也、不以關乎得失之變、亦不復媿得力之疎也、迨於日為其事而曾不免于其勞勞之不勝、乃哉哉乎顧息而又不得也、而後悔往者之以易心失天下之理、而至于今忽忽鮮所據也、我不自揆自托業以來、凡所覩聞未嘗不時省而存之、曰今而後謹識之、勿敢忘、退而顧適有所從事、亦不計其逢之脩而道之遠也、謂此所識者庶學乎、而可至耶、既知自力、而又顧於之當世君子、諄諄誨之、曰我不忍私識之、而使人寡所識也、我不忍私學之而使人棄於學也我之窮日力於此也久矣而今而愈歎其難也必俟詩書日涉而其精始留設擲卷思之有不能舉其理數者矣爾何人歟雖詞書不涉于目而叩其中極富有之藏焉古之處若思而行若愚遺者矣夫必待師友晤言而其理始來設離羣之將有莫保其存亡者矣爾何人与雖師友不提于耳而即其蘊有遙深之悟焉古之悅諸心而研諸慮者有矣夫由是而學吾未見默識者之猶有厭時也以會心之人而為悅心之事則其為之也必并讀一書而如其故物意咏以之愈長行一事而如所已經精神以之彌厲有是哉古君子之遜敏于學者哉由是而論人吾未見默識者之恍有倦時也以得心之暇而為固心之謀則其為之也必力其智者能

與我為不言之信可以收之為大道之傳其愚者不能與我為神明之通亦不忍棄之于大道之外有是哉古君子之與人為善者哉而反之於我何有也心不能守其最純則必有雜之者雜則存主之地已有先入之一物而道義必無以相涵不相涵而其精亡矣而其事輟矣而其清竭矣夫孰者可以弛我不純之憂也理不能立于至誠則必有息之者息則彀微之頃必有未達之一間而功候必無以相續即相續而已亡而復存矣而已輟而復作矣而已竭而復生矣夫孰首可以解我不誠之憾也我其敢不有乎然何以安也我其何日有乎然不敢信也

以此筆達其精理意味深長久而愈出到于機局之靈敏乃餘事耳

賜也女以予　一章　邵坡

聖人一貫之傳、有啟其疑而後示之者焉、夫理固由一而多、學則由多而一、多識如賜、學將有得矣、固啟其疑而亟予之、今夫從源而溯流者聖人也從流而窮源者學者也夫理散諸萬物而統聚于聖人故握其原而見聞如識遂有以盡萬物之變而靡所勿通下此則由博返約因其候之將至啟其悟而指其途是有賴乎聖人之教也昔子貢在聖門多學而識其成見未可以驟破而其機固油油然將有進也彼空疎之日自問稍充則相參可以得其間相聚可以取其精錯綜于心目均足資我日用必自喜前勞之足珍而奢取之餘勢難復盃乃叩諸中而機仍滯觸手類而緒彌棼廣儲其才華徒以勞吾檢攝或轉疑風習之難除據子于是以身示教仍舉多識以相質明知賜之必以為然亦明知賜之必以為非也而賜果信與疑交集矣夫藏修息游原藉是為養心之助第于彼于此而皆心所繫是分一心于萬事而未識吾心統會之原則雖新機乍起而究未捐其所愛抑遐搜廣討亦早務為窮本之資第逐事逐物而得其本所寓是析衆本于散殊而猶昧大本渾同之處則雖前途欲轉而終未得其所歸子故直指其非而以一貫告也從來多必有所由衍衍必有所由生夫精粗互陳所以者

異同錯襍有犹悟而不相合者矣惟得其最先者而一名一物皆根天命以流其華則虛而能涵雖一畫亦何非後起之數蓋自有莫可加者而覺典籍之蒐羅愈增而愈無可止也賜誠悟乎此庶知夫無聲而發為文章此時未始不多也而多亦日新之美從來多必有名之可指名必有數之可稽夫新故迭乘所蓄者去留消長有奇零而不能盡存者矣惟得其至全者而為易為簡悉從象數而載其微則約而能盡雖名山不妨有未見之書蓋自有不可遺者而覺學士之記聞殫擴而彌形其隘也賜誠會乎此庶知夫汗漫而得所居寄此時未始無識也而識亦默成之原予之進賜如此

一字真諦

畫人景不是抹多字

賜乃今而悟其所謂非又何嘗悔其所謂然也哉。夫聖門學先格物。固已知而造其極。極者至善也。而居稽之暇。動靜一主乎敬。滋培其清明之體。涵養其不息之神。而且即所取精反之實踐。知行交進。一乃永貞。此告賜告參原無二道。甚未可岐而視之也。

真勘得首尾貫徹筆妙精深趣之言著說理家非不易得

賜也何敢望回 至 弗如也

諸有未敢企者。還即其自道而信之焉。夫何敢望者。指弗如之境也。知十知二。聞同而知異。賜之與回乎。豈待其言而始信乎。且學人之志莫患乎虛已讓人。并居負歉之地耳。然有時即不并讓人而造詣之淺深。則固有較然難混者。互參焉。而低昂各別。實按焉。而分量懸殊。斯一時之愧。集君子。有以知其說之。莫與易焉。子貢在聖門夫子豈不知其弗如也。而乃以孰愈問乎天下好勝之子。而[illegible]短長必有不并掀者。追陰折以代雖攀而意怵情怯之一[illegible]之明。此而倶無倚恃。吾人進取之程。躋宜置以其[illegible]

抱題矜暇

反採下句 氣矯獨雄

寫神還貌 思路甚沉

二比神味幽永音節諧和正爲中奪幟之故

右。背。一時。而頓失。所。素以。而神。鑿。歛。一若。舉。焉、者。也。神。明。而果也賜以何敢望回對矣。之際。應。亦。撫衷而自奮。賜旹無之。望。道。岸。之。誠。吾亦。已。備。嘗。而分。量。不容。自。証。對。儕其有愧矣。可。以。推。類。微。明。湯。希。坐。照。如。神。之。哲。功力。當。互。証。之。餘。不。覺。深。思。而。若。失。回其。獨具。英。敏之。姿。乎。絅。不。惰。之。精。神。同。堂。誰。不。心。折。而。品。誇。良。難。齊。觀。質。諸。已。而。多。慚。亦。惟。訴。潛。心。默。悟。端。切。每。懷。靡。及。之。思。盡。

觀夫賜郎以開與知較之固已明見其弗如矣今夫安乎其卑者學士鏡已之精也抑之使下者聖人與也非不知當仁不

其味如蘭

讓儒者從無退縮之心而特以回之所共可及也靈明有獨闢
不啻阻賜以後塵見地有特趨轉似限賜以步趨問耶知耶回何遠
而賜何勞一返照而難以自安非不知教學相長聖人從無過抑之
意而特以賜之所屈實可共信也捷悟務知來視貫通者何所見之
滯推測憑方寸視明屬者何所守之拘十耶二耶回何優而賜何絀
一叩焉而自擊此子所以信之曰弗如也知弗莫若鄙維子自
與隱之已右勉自無容更贅一辭幾經引躍所含
以乃脩胃不對以獨精其微乃自謝其能賜亦自
為賜諱志鄙賜與回明之一四分其高下夫豈

謙。歷數。才者留有幾人、臭解賜。邵。坤。啓。卦。

道。。。實也。賜不。吾何。必爲眼尺。飾耶。是知、証得、於、於

寘、妙、以獲。閔同長賜直以降乎已、及、尊其友。豐之、所

而定品衡於、疑似不容以或泰。十全而二偏。子郎其謝諸口者

然信厥。茲說。心教之所以微善誘也。厥後性道得聞。何非此何敢望之心勵

之、名。夫子許以既報之又重許之也。

去膚存腹鑿險縋幽鏤然之逸意湛深之人不易識

由作而能古人寫構摩墨曰

房堂典依增

於宋楚友拜讀

賜也始可與　一節　徐蘧中集評點　江西高學使月課　南昌府學三名　李裳

與賢者以言詩、與其識之能通也。夫詩之意原不盡於詩中，能通其意者尚矣。告往知來，賜其善言詩哉。且以古今之不相接也，而其識足以通之，則古人之微言無不可以相叅，而其人之識已遠矣。吾將何以測其所至乎？如告與賜論貧富，而賜忽及於詩也。靜觀宇宙所際何在不有詩意？鬱說於其間，故隨其中之所感以筆之於書，而無所見識足作詩者之智也云爾。悱觀物理所依何者不與詩義觸，故隨其目之所觸以宣之於口，而無所解之非詩，定言之知也云爾。若賜也，其知之矣。古人之詩未嘗不存於天下

人自古今人自今心不與之相浹則詩曰存亦曰忘焉耳乃賜
詩俱逝也覺詩人無盡之意自詩而隱自賜而開矣古人
之詩不見誦於學者第見詩而得離詩而失志不與之相迎則
詩曰著亦曰晦焉耳乃賜也而若與詩俱化也覺詩人未發之旨詩
引其端賜竟其委矣甚矣詩未易言也詩中有意々中有詩機之所
予一往莫禦斯時也賜之見不得謂在無諂無驕不得謂在樂與好
禮更不得謂在切磋琢磨偶然念及忽然觸生有如是也賜也始可
與言詩已矣告諸往而知來者所告者往々不可追所知者來々本
可量若往衆一詩而得之且所告者往々不可隱所知者來々不一

照亦不可少
文中點有詩
趁如人兹

猶即不言一詩而亦得之賜真善言詩哉

佳句絡繹奔會匡說詩解人頤不過爾爾高學使原批

因其告往知來乃以言詩嗟賞題本是倒裝文法耳文似過求超

脫下句竟爾少所發明其於所謂可與言詩者亦安得透快也然

吐言天拔故自邈與世絕

賜也始　李

第三十九冊　卷一一八

賜也賢乎哉夫我則不暇

江南一名　胡紹南

聖人以微訓勗賢者，在以返觀而內省焉。夫賜即果賢，寧遂暇方人乎。乃子即微言以諷之，賜亦可以憬然悟矣。且吾人神明之用，其歷諸世而不見多者，即其歷諸身而恒見少者也。蓋玖必素裕，斯難物者昭曠之原。學在返求，實捫心抱歉仄之象，乃以夙昔不敢旁及之事，竟悠然遇諸同堂，豈共學數年相望者甚殷，相知者轉疎也耶。我今者竊有以異賜矣。精神必獨運而後能並運，故藻鑑羣倫，亦大儒所不廢，而要其劫悲之志氣所流貫于妍媸之塗者，即游及有餘，猶自深檢身不及之慮。功力必專營而後能分營故衡量流品原夙學所優為而不謂吾党之長才有馳情于物我之際者則高自位置殊動人以驚疑無定之思盖事非從閱歷有得之後奚以互鏡而表厥長而理一自身親体驗之餘轉歎內叩而形其短賜也其賢矣賜賢矣賜也其暇乎萬不至以處士虛聲誇動當世之聽聞則約告平之文章性道以貽一日之餘閒諒賜亦自試所優耳吾亦何必謂其弗優也第思夫我所以紊物之處即我所以實全其為己之處殫夙夜之敏求以與我躬之淬勵相深而遥企之方幸甘寔履之倍增其難縱常編數絶時稟寤寐不敢即安之隱而程效之愈迫者端覺取償之愈遲奚暇褒美别

意自詡鑑之獨神哉又豈至以局外私評漫托無稽之口實則
萃生平之剸吾明達証一日之娉修在賜亦善用其餘耳吾則
何必謂其無餘於弟思夫我所以相士之術即我所以無負其為
己之術竭當身之刻勵以與吾學之次第相逐而愧悉於新机
莫與闇於迅之深故我未化縱老至不知皆畢生不遑言瘁之衷而
願望之彌奢者偏覺獲報之彌寡何暇度短絜長自矜明哲之特
異哉蓋觀人之與我兩境也而分緩急大廷之酬對進而居先
必爾室之闇修未嘗退而居人後也以丘之友教四方成德達材
識別亦俱微長而對賡衆而無慚者問幽獨而若歉則內顧及門

寧得以素號通才遂逍其功於物色風塵之際旁觀之與靜証一
機也而分虛實外見之才華業已形其有餘將內斂之性情豈復
留其不足也以丘之聘問列國於喬嬰札賞識諒亦不爽而質群
群倫而無忝者叩寸心而雖安則環顧一堂寧得以群推大雅遂
弛其乃於藏修息游之不賜惟賢也所以暇我弗暇也豈曰能賢
吾嘉賜之賢而不禁還欲為賜勵也

具大力鍛鑄佐參虎舒但其句為一切能一注明白邊界了又於辭
不但而了於之神激揚一絛

賜也賢乎哉 二句

丁卯河南 范道立

賢非可遽信也。亦以不暇而情若揭矣。蓋惟不自見爲賢。斯不暇者無時自寬也。賜果賢乎。何弗即子之不暇者而深思耶。今夫知人則哲。自古爲難矣。夫藻鑑之精。非自治未優者所敢漫托也。

（點了自家以人即講之緊湊句。自然安中自有雅劍處）

夫惟躬修確有可憑。斯衡量乃爲有據。從事其途者。或有以自信也。而欲然若歉之衷。覺動詆爲而殊難慰矣。如方人何暇。而賜也竟暇及此乎。一詆好惡於流俗。此際亦覘學問。然而人己功分先後。尤宜審焉矣。苟非充然至足。詎容以游心物色間。我精神定臧否於羣倫。此際亦徵明昧。然而物我既判。輕重自莫淆焉矣。倘非綽

（擬欲兩句）（未比是容活說）

有餘閒何容以身世浮情漫相徵逐賜乎足乎已而因以鏡乎人
者功之裕也專乎內而不遑及乎外者志之歉也賜也賢乎哉夫
我則何暇有是矣與情之愛憎惡匹夫亦有定評而君子辯淡焉
暗用逆起但尚是泛說
忘之者謂內之不修將決其何據也夫鑒物惟明乎從修乎其
五句先悟實義是空說
識哉無疚在神明斯啻嫛在儔類蓋有裕於其素者矣賜將有自
此篇鋻後指到賜也則上句不多作留滯而乎哉夫義則五字可
二氣貫之矣若並句呆衍則氣散而豈神亦不呆
顧無忝者乎而人戊轉轉其間覺數十載之藏脩邑皇獨迫憤樂
以外與非瘠深所關也人世縱有低昂欲為籌之不得矣一己之
短長內顧時深者惕而于世轉相與安之者謂己之不盡即辨別
其奚恃也夫相士之哲豈僅矜乎其見哉無偏者與譽實無咎者

性情盖有周乎其隱者矣賜將有躊躇滿志者乎而以我周旋其
際覺數十年之歲月榮勵無多闇汶之名原屬生平不諱也當途
縱有得矣欲為剖焉不遑矣聰明者衡物之資而詣力既優乃不
僅以聰明自用闚天下信心之途惟自見者為最確賜之賢我

中式尚是以題精於而神氣自在其中後見

得而知之諒賜已先我而自知之也則我賜與我且將相喻于無

此則用虛神實做之法其若後次第不同處

言我不必望賜以驚皇鼎不必傲我以容與才華討論世之藉
而功能既至乃不僅以才華相尚為顧天下反觀之地惟獨喻者
為難欺賜之賢自有以知之猶我之自知夫不暇也則我與賜揶
且各返諸本衆賜或將引我於異日我第覺遜賜於目前夙夜必

期於可信。還即其人以相叩。而聞言有覺。應知己品之難誣。修省莫容以自寬。方將分念以相馳。而逸豫無期。徒愧我躬之未逮。我幾有讓於賜之賢也。賜亦知我之不暇否也。

此題口氣而兼論作者以緊醒之字無可出色是以一一謂之題不負矣而氣息仍是尾截論宋之自然與渾厚之間

學而不思則罔

徒學之無得也則思不可廢矣夫學必求其得而不思則何所得乎罔而已矣思可廢乎哉今夫人之未嘗學者吾何怪其愚也哉乃有日從事于學之中而其蔽也卒與未學者等說者謂是學之愚人也豈學之愚人耶學以效古人之所知則讀書名象惟學有以傳其物學以法古人之所能則日用事為惟學有以體其實然而不可以不思也吾學中不無所疑當其學不知其疑也思之而後恍然于所疑一〻在是也思其何以是〻〻其〻以非廢寢食

學而時習之

學貴乎熟不時習焉不可也蓋惟時為習之自然至於熟矣有志乎學者顧可以不時習哉夫子勉人為學曰天下鮮不學而能之人亦鮮一學而即能之人然則人之於學固非可偶焉為之者也偶一為之則始而學繼而未必學矣此學而不習何以言學偶焉為之即繼而學終亦未必學矣此習而不時何以言學必也其時習之乎一理也學焉以求知矣亦善學者曰是一已以已也善學者曰是未可以已也從而習之復從而時習之日夜

閭閻也一事也學焉以求行矣不善學者曰吾已足矣善學者

曰吾尚未足矣時不一時亦習不一習寢食靡遑已此其功非

不苦也然既入於學正不得辭其苦也苟辭其苦而不時習猶

之不學矣以其力非不勞也然既入於學正不得畏其勞也惟

不畏其勞而時習乃真能學矣學至於此說乎否耶

德行顏淵　一節

列記與難之賢，宜繫聖人之懷思也。夫四科之賢皆有得夫子之道也。記者列誌之，豈非見其人之可思哉。今夫人之足動聖人之追念者，使不爲之備列之，亦烏知造詣之所異，而聚合之可思乎。性傳道有不一之材，而斯人有各優之品。宜乎過難而不忘歌詠之微信，而深切繼別之感也。已如吾夫子者，而適乎天下，陳蔡忽爲寄女，端而傳道乎吾黨，雖而雖于國而斯特也，相與提其謀家抑鬱相聚，伊何人哉。有其人則雖頌弗輟，可捐謝於晦明風雨之間；無其人則瘖懷思，覺憬然於履周旋之際，在夫子未嘗何人而吾已無不知其人，夫子未嘗

此篇……記亦可

形指其循而吾已

思念云留
在書段便散
着以二末句
以虛寫下股
收束不重複
乎此文字奏
而之法也

此段無字
古意味去
留無重不到

今夫當時之抑鬱相聚者，果何人哉。□乎德□□不□顏淵閔子騫冉伯牛仲弓乎，素修是焉，躬行皆体道之深。陳蔡間所與考業而閎德□□八矣。今則惝怳違乎。（也能不切其思念乱）言乎言語時，不有宰我子貢者乎，應對有章，詞命皆明道之至。陳蔡間所與同謀而共畫者，在斯人矣。今則惝怳往乎。（也能不起其追維乱）問才識之疏通而長於政事者，非遂無人也。陳蔡間所謂治劇理煩能達乎夫子之道者，時則有宰我子貢。今則遲□而無存矣。問聞見之博洽而長於文學者，非終無人也。陳蔡間所謂詩說礼能載乎夫子之道者，時則有子游子夏焉。今則言念而無見矣。噫，德行者有其人，言語者有其人，政事文學者（亦）有其人，何昔日有聚會之樂，而此日有散處之憫。德行者不一人，言語者不一人，政事

一段淋漓

文學者亦不一人何有事而彬彬之盛會者無事而濟濟爲難逢嗟乎使吾夫子者當周流之際居得行之時亦何難以十人之彥昰其濟世之才四科之長逮其匡時之略乃大展而遇合難覯患難相隨已可勝悼曾何時而相同于山川跋涉之勞者竟難講洙泗棲遲之日夫子之不忘相從于患難者寧非師弟之至情耶

德為聖人　二句　　秦大士

古有聖而帝者可以立人子之極矣夫人至聖人而德極矣子至天子而尊止矣謂非大孝而何嘗謂匹夫有善必推本于所生一命甫膺亦裒揚其先烈為人子者顧可以不肖之身自傷悲卑賤貽父母辱乎然人知不肖之辱而未能盡人倫之至以為人知卑賤之傷而未能盡宗子之職以為子則猶未極人子之量而其孝終未大也舜何以為大孝哉夫孝也者推其量以聖為極原其理自天而來育斯鞠斯亦既身為人後則此中莫解於吾親者正不可以引慝謝也所以木居豕遊俱無可自見之事而祇於深山

欝聖德之風雷亦毛亦裹而獨有其不堪則此中莫解於吾親者更不可以側陋諉也所以被袗鼓琴原非有表異之物而祇為天性繪尊親之藻火夫愛吾親者存乎德舜之德為何如乎敬吾親者莫如尊舜之尊為何如乎則不既聖人天子乎萃水火金木之精以上紹文武神聖之治此豈尋常幹蠱之行所得與哉故井可浚廩可焚極陰陽不測之用而謨蓋不能奏其績則此中格被早已極於化神而允若感窮人之慕南風操底豫之絃天下始于此識聖人之真為不既晚乎起耕稼陶漁之中而獨司禮樂工虞之總此豈青宮世及之常所以可擬哉故賓乎門攝乎相已為人生

榮而元日未克終其讓則自昔徽庸反若收之性分而柴望亦以答父母之恩南面不過行子弟之事魚魚者莫不覲天子之光焉豈偶哉吾由是知孝庸德也至舜幾未敢以為庸明目達聰精乎倫物之察猶是人也而不敢不謂之聖宗堯祖頊不列瞽父之壇猶是子也而不敢不為之天在舜已另闢一大孝之局不容後世步其塵吾於是知聖人天子至奇也歸之孝亦不過盡其至庸彌天塞地普天莫不畏其神聖人矣而止不愧其為人凝帝禋宗吾身得親涖其事天子矣而始無慙其為子在舜祇以完其終身之慕遂為千古立其極無他草昧之聰明大啟四岳皆庸命之哲

高陽有才子之聲。德不至於聖人。舜自視幾不可為子。中古之禪讓惟賢。有熊而下皆帝嗣。蟜牛以降為庶人。尊之至於天子。舜自視幾不可為人。然而其德也。其尊總無非其孝也。而豈但已哉。

議論飈舉氣乘並亂酷似幾社前輩筆力

徹彼桑土

夏燦

鳥之豫為巢計，見之于所徹焉。夫桑土可徹，亦有徹之而無及者矣。鳥之所以豫為計乎。昔周公居東，深悲為王室之無其具也，乃作鴟鴞之詩曰：嗟乎，吾之處王室，曾不如鳥之處其巢也乎。夫鳥之處其巢，猶豫知取其具也。鳥固自言之矣，曰徹彼桑土。若室有取人木也，而不貴其萑葦之細，則炭有取夫桑。若更有室乎桑也，而不求諸桑稀之餘，則又有取其土。桑之葉也，可借一枝之棲；桑之莖也，可供半喙之能。若土則其餘耳，而鳥之所取也。康桑之木，落雖有決，若之觀桑之落矣，旋有黃隕之嘆；若土則稍堅矣，而鳥之所需也。固遠揚之條有斧斨之伐矣，而其土則猶在[illegible]之茹，勿或憂其

族以行捋采之劉戕伐前之盛矣、其土則如故也豈必無萬蟲
勝而不除其本根之所其蓋徹乎徹非盡其取焉也有剝啄之勞
予予所以拮据予口所以卒瘏也徹則不遺餘力也有盡濟之取焉
予羽所以譙譙予尾所以翛翛也物為我有則彼我之見可忘若夫
未徹之先由我而視彼則相與彼之矣物之已取則彼此之形亦泯
若夫將徹之時由此而之彼則謂其在彼矣大將荼曰予則捋而迹
之而尓土曰彼猶推而遠之也若惟恐其不亟取焉鸞子曰閔斯則
迩取諸身而采土曰徹彼猶遠取諸物也若惟恐其或少緩焉而鳥
之情廹矣蓄而租之亦若人之遵彼微行猗彼女桑也云爾而鳥之
計慮矣豫為防之亦若人之晝爾于茅宵爾索綯也云爾徹彼之勞

非彼處鳩鵲之蹊而苞桑之圃何獨憂風雨之漂即此下民其能侮

予于綢繆之後耶

臣等典雅何等風韻何等切當至此

逐字推敲尤爲工巧絕倫

衛卿可得也

以衛卿要聖人、亦倖臣之見而已、夫衛卿何足為孔子重也、乃彌子以可得要之、孔子果肯為衛卿而主之乎、今夫人之栖栖皇皇。而卒莫得重權而理之者。大抵皆以親炙之非人故也。誠知遇合之有因。而降心以相從。則又何至置身于無用之地。而與世齟齬耶。今者孔子何不主我乎、夫孔子之至衛也。非為行道也斯已耳。孔子而苟為行道也。何容昧于仕進之路乎。抑孔子之至衛也。非為濟時也無論耳。孔子而誠為濟時也。何弗知有登庸之階乎。何則衛卿之得。非主我焉則不可也。最難得者衛卿耳。彼其人即負卿材。苟非有人焉為之游揚其間不足以得之也若孔子既與我合矣則荐剡有道區區衛卿亦不難爲孔子致焉耳所欲得者衛卿耳彼其人即欲得居倘無一言焉爲之道達其側不足以鄉孔子也若孔子既與我親矣則作合有因赫赫衛卿自不宜爲孔子靳焉耳人情不能無故而即合使於人未嘗有識面之交而遽以爵祿相縻則與者自覺其不情而受者又反覺其無因矣人情不能無據而相識使於人未嘗有結歡之素而輕以高位相加則得者不解其何心而授者亦疑爲多事矣噫、吾願孔子之亟主我庶不終窮于衛卿則幸矣、

觀人必自

奇下理
論
語〻筆
快

衛卿可得也

以衛卿要聖人、欲其得所主也、夫衛卿至貴也、乃以之要孔子、非欲其得所主哉、且夫遭時得位、固士君子所甚願也、第親炙非人、則未能遂一得之機、又何怪置其身於無用之地、而蹙〻靡騁耶、今者孔子何不主我乎、夫孔子之主我也、不過與我通情愫、而亦知我之權固甚重乎、抑孔子之主我也、雖足為我生光寵、而亦知我之勢無不行乎、惟其然、而衛卿可得矣、苟有卿材、即足以居乎其任、旁觀者方從而指之曰、是固自衛卿始也、然而得之、則有其由矣、容適之地倘無為之薦剡、若前觀其卿纍纍而綬若〻耶、誠有卿材、亦足以久乎其任、有識者方伏而美之曰是且以衛卿終也然而得之亦有其道矣朝夕之間非有為之維持者烏見其乘軒車而集駟馬耶夫衛卿最難得也而孔子可得之此固非吾君之厚待之也則作之合者不宜稀問之吾君耳那衛卿非易得也而孔子得之此亦非諸臣之厚期之也則遇之隆者不宜稀向之他臣耳然則自有此衛卿而孔子身都通顯大官大爵非吾身之所敢私也自有此衛卿而孔子道得大行任能舉賢亦國家之所甚重也吾子以為何如

嘖承上句

出筆靈秀 嘖承上文而絕不粘連

衛卿可得也

江南阿制台 崇明書院一名 林榮

以衛卿誘聖人倖臣之妄也夫孔子寧有慕于衛卿乎以此誘其至我亦妄甚矣想其意謂人生世上勢位富厚蓋可忽乎哉顧往往有可致之途而昧然而不識所從宜其求之者甚勞而得之者殊未易易也若孔子主我而我豈無以報之將使吾君修際可之士而虛也使吾君隆公養之敬乎亦末也不然或使吾君四且諸三之乘乎仍有限也夫位之尊者孰人之深願而不可如卿而我且直舉衛君以相奉矣籌計孔子之來衛也不過欲備一官也齊一職也苟不至屈

于委吏乘田而已已而敢望夫卿乃孔子而主我也則誠功名
之一寄徑山之仕宦之要 亦遠邁乎中都司寇而益上而竟
烏于卿乎衛卿之 良莫矣將謀之于史魚歟而史魚
莫能為之將謀之于伯玉歟而伯玉何由助也王孫雖寵孰若
子之言聽而計從叔圉誠尊易若子之情覩而地遜況乎君車
猶可駕矣而何有于一卿抑且餘桃尚可獻矣而何有于一卿
嘗思孔子之生平齊卿可得而晏嬰阻矣若衛君之于子奚啻齊
之于晏也孔子既失之于晏而復失之于子乎楚卿可得而子
西沮矣若衛君之于子又奚啻楚君之于子西也孔子既失之于

西而更失之于乎是故吾深為孔子望也先容在我東周之

流閒主我

願可酬而胡茀惠然肯來也抑吾又并為子幸也連茹而升治

賦之才亦展而胡弗急為勸駕也方今主衛事者內知彌子也

外則予也孔子既見南子矣豈于我而獨有遐心乎吾知即不

為我屈應必為衛卿屈也子盍往告之

酷肖小人口角世上有此旁若無人想此時情形自應爾

鄧太初

魯一變至於道

聖人望魯于道、而著其易變之機焉。蓋魯猶先王之遺也、故其變而之道為甚易也、為魯者其可狃于積衰而不振也哉、夫于論齊魯更化之漸、亦以深望當時之君臣也。且夫猶存先王之所以為國、其升降存亡之機、係于人心風俗之變而不可遏也。是故以齊之強、而重壞于霸政之餘習、則一變僅可至于魯而已、不能一蹴以至道也。若夫魯也則不然、魯之國勢、雖云弱而不競、然先王之禮教、猶知所而不浸淫于功利、其風俗未甚偷也。魯之君臣、雖云日失先王之信義、猶知所崇、而不泠棄于季下、其人心未甚去。

風善政之存則道之基未墜而求之是又一振作
不煩于改革之勞今有忠信廉恥之節則道之本猶存務其共
誠是在一修明之而已而不費于更張之力綱紀肅于一而善道
上下之間道斯舉焉禮樂有章政刑有紀今之魯即先王禮教大行
之魯矣人心一正於下而親親長長之際道斯行焉尊卑以定親疏
以序今之時即先王信義大明之時矣而使衰弱不振則魯雖秉
禮之國徒為有虛器而無實用而道亦不為之虛行使更化以善治
則魯猶先王之遺可以修其政不易其宜而道亦于一為獨盛夫豈
若齊俗之難變也哉吁聖人之意其所望于魯者深矣

為道望魯稍鬆不入融所以不不廹

魯一變至於道

浦起龍

聖人思周道之興而屬望于魯焉夫魯周公之魯也一變至道何其易也聖人能無深望哉且自周公不作而周道遂衰此固一代之升降之机也後之人舉其廢墜以光乃舊章責固有所專屬矣蓋以聖人為之宗祖則所以纘承其家法者實易而以明責之子孫則所以振興其統緒者亦易此吾博綜世故尤不能不望屬于宗邦也蓋吾魯之先與齊並建固周公以道啓之者也其在周也禮樂文章作之者聖王之烈其可大而可久者道所為亘古常新而在魯也親賢樂利傳之者祖德之隆其世法而世則者道

所爲學由而罔替。乃昔日之魯。事事載元聖之精微。而今日
駸駸失秉禮之彝訓。道安在。即所可幸者。古意未湮。于此日而
綫猶繫。于人心。吾蓋觀于其朝。而知其可以至于道也。自夫元子
啓宇。忠厚留遺。非作法于涼薄者比矣。雖其後積弱自安。或譽起
于圉杞。或政委于汶陽。絕少勵精之意。然而僖公作廟。詠即能君。
季子來歸。猶稱賢輔。此其禔垣之嘗在。即其成績之可循。吾蓋觀
於其野。而知其可以至于道也。思夫三年報政。歲月漸摩。凡沐浴于
德化者深矣。雖其後流風益遠。或飲羊以詐市。或飾價以鬻賸。已
非直道之正。然而公慎出妻。猶懷清議。慎潰越境。未絕天良。此其

其舊染之習除，即其作新之明效。誠使其君若臣早作夜思，凡官中府中，恍若我周公陟降于其際，而尺寸不敢稍踰。行見周官周禮，不徒仰王章之昔典，而如述家乘之詳明。精神動于内，事業隆于外，而國之氣象一變。更化善治，凡發見遠，恍若周公啓佑乎其衆，而靈爽與之相接。行見易象春秋，不徒留望國之空文，而直被近畿之勤教。上下徹其恬熙嬉，草野新其作習，而國之風俗一變。當斯時也，耳目所及，煥然改觀，由舊政如御新猷，一振作[illegible]。東周之望，遇之此矣。法紀所施，較若畫一，凡龜蒙如游豐鎬[illegible]移間，而東海之雄不足稱矣。蓋魯所以遜于齊者，在武功之[illegible]競

雖朱綬貝胄誇詡一時而公臣卒難充夫一稱此令日之矣
溯碩膚几几之容而邈然以遠者也然則所以勝于齊者在[illegible]
之克終雖泮水鸞旂謳歌隔世而宮懸尚睟偹夫六朝此令[illegible]之
魯所由同開國親親之訓而悠然可追者也夫吾以寤寐周公之
心迫而為屬望宗邦之願此物此志也

奕奕者夢想東周全神貫注裏許一番再三嘆惋惋有餘哀鋸
鑄詞特其餘事　罕儔

初集措學　許孚遠

魯一變至於道

聖人望魯于道、而着其易變之機焉、盖魯猶先王之遺風、故其變而
之道為甚易也、為魯者、其可狃于積衰而不振也哉、夫子論齊魯變
化之漸、亦以深望當時之君臣也、且夫道者、先王之所以為國也。
降存亡之機。係于人心風俗之變。而不可違也。三代以降。以齊之強。而皇
煥于霸政之餘習。則一變僅可至于魯而已。不能一躍以至道也。
夫魯也則不然。魯之國勢。雖云弱而不競。然先王之遺澤猶未所
而不浸淫于功利。其風俗。未甚偷也。[illegible]君臣。雖云[illegible]失其序。然
先王之信義。猶知所崇。而不矜詐于[illegible]。[illegible]其[illegible]也。無不流

風善政之存則道之基和培其基弘其化是作之以防
不煩于改革之勞人有忠信廉恥之質貞德之本猶在務其以飾其
猷是在一修明之而已而不費于更張之力紀綱一肅我上何患
上下之間道斯禁為禮樂有章刑政有紀今之魯即先王禮教行
之魯矣人心一正於下而親親長長之際道斯行為尊卑以定貌東
以存今之時即先王信義大明之時蓋使衰弱而不振則魯雖秉禮
之國徒為有虛器而無寔用而道亦不為之虛行使更化以善治則
魯猶紀王之遺可以修其政不易其恆而道亦亦今為獨盛夫豈若
齊俗之難變也哉味聖人之意其所望于魯者深矣

然汝重礼教。崇信義。風俗就礼教上說。人心就信義上說。即此便是至道根基。但魯衰弱。不能有為耳。故不可不变。然只須一変。仁舉廢墜。便煥然更新。非若齊变之难。看他開講學道字。隨挈出人心風俗大綱領。以下層層銜接。原委自極分明。先輩文之个个結。余于程墨集中。嘗極論其不可刪。茲集為丁今計。且從刪本以難與深言也。

魯一變至於道　許孚遠

魯一變　黃之彥

聖人有厚望於宗邦，其以一變期之焉。蓋魯不克變其勝於齊，其去道猶平也，一變期之，於魯不亦
望乎？且夫天下之事更新其所難，不失乎其故之為易。故之所留，其已失則圖新之功不容已；故之
所留，其未盡失，而奮新之機尤不容已。緩倘自安於積弱，不克發憤以有為，則將今視周，其嘆其
偷惰而不振也。變之至魯，固非為魯言之也。魯為元公之裔，雖隆肇造先代之流澤盡矣，但
方其雖有良模修明，近之維意遂迄今前藏兜者入海，邦其不復覩鎬京之遺，魯為列國之望
言旅式化法教之入人深矣，乃故府猶有朱寶錄，野聞率舊章，遂不失先獻，[illegible]，周其亡鏡
懷西歸之旨，是則魯之政俗何如，又而謂一七年一變亂前人之繩武，後[illegible]之匹運，又為念我魯[illegible]
以啟發於後，猶幸於今廷，再謀使一日其導迹論[illegible]之訓，君思啟宇維緒，以速心之[illegible]
周室既政，故以為猷亂，振興目前之勢，奮發能丕振，而當屢風行之魯[illegible]彰於少[illegible]之場
籍之流，俗精神，亦之孫昭以勝言，予魯之意，升於泉，[illegible]勿思崇報於鄉[illegible]，亦謀使一日其
之念沛[illegible]，意於而往之間，澜法道之[illegible]體，數於族之中[illegible]

旋如鑄雷自新月異〻棧條敞布於泰巖〻麓已每曰禮數是三重

翕父就封以後法紀章明遂弼中鬱然首唯來暨〻彦〻不待陶傳之〻十之則知業〻學者

〻謀以業勵夜其困循堂惟靖王室〻竟之錫藉以水齊向不替乱世以後〻家自崇迴異齊旅〻

謂一宗〻之〻怒試思傳公闕其向秘謫禮讓於泮宮鑾荊林〻旅威武恐作業予室〻絲〻不必霸然

後之則知於勤家與周〻之〻末上〻謀以精勤家其情慚望惟易象書秋〻文敷與周禮〻春秋〻之盛

魯之一變其至道校近於齊矣此亦所為慨念宗邦而不置之

風骨峻嶒拔俗千丈青天削出新芙蓉有以移贈

第三十九冊　卷一一九

請益曰無倦

許宗枝

賢者分々於有爲、聖人示以持久之道焉、夫使心有所倦、雖益亦奚補也、夫子故於子路之請益、而以持久之道示之乎、且夫古今雖有難窮之事業、而吾儒貴有行健之操持、不審乎此、而徒逞其好大喜功之慨、以求多於師傅之前、究之願愈奢者心不固、志愈大者神已紛、其於久道之意、庸有當乎、子路問政、而子告之以先之勞之、斯二者、其詞約、其理該、其事不過爲明農教稼之規橫、而其道已兼綜乎聖帝明王之功業、然則子路於此、亦惟是積之以恒、厲之以漸、行之以需、而不[不敢]……業之斯已足耳、而猶請益於先勞之外也抑獨心哉[illegible]一仇之而自命者高故後此之施為所不暇計而請事斯語之下必欲備覽其大全具果敢之才而抗懷者遠故將來之措置不遑熟思而情深商確之餘必求博綜而無外此固

請益意也雖然亦何益之有哉天下急事之咎安在非常自命之儒其奮然一往而自信無不能者正其顛然中阻而一無所能者則雖志願甚弘識者早已知其精神之必懈天下作輟之患又即在於好言濶大之侍其高瞻遠望自謂無足難者即其中道徘徊而無手不難者也則當其任事方始君子早已決其守之不終於是因其請益而告之以無倦焉經綸

康濟不公多而無已也祇此厚生正德之具治於一日而用諸

平生縱人欲天和俗敦古處而規爲措理依然創業之功初則

發無偕理務同義元氣勢傷

淳古之休風未遠豐功偉烈無事遠稽而博考也祇此維皇建極

之規歷之必世而達諸百年縱使親賢樂利俗美風清而潤色

太平不改圖治之功則古今之久道以昭然則由也亦惟無倦於

先勞可耳奚以請益爲哉盡道德功名原當勿弛於旦暮而堅

強果能確必須自勵其精神由也可以深思矣

格局明整詞偉麗足爲宇優爾下於

第三十九册　卷一一九

○諸君子皆與驩言

稱與言之孔多，意不在乎與言也。夫王驩非可與言也，何諸君子咸皆與之言乎？宜乎其人之不足爲公驩重也。且夫人臣之立朝也，既不能峻其平範，嚴其休桀，以取重于人世，斯亦已耳，何乃攬榮慕勢，極諂媚之情，以爭爲取寵逢使權奸之徒而欲藉此以爲推抑天下士，亦良足慨已。想其不悅旨以今者往弔之後，不有諸君子在乎？夫君子之中亦嘗不一其人矣，有尊於驩者焉，有卑於驩者焉，斯亦不必從而指之曰：若者爲脈來之君子，若者爲脈休之君子，而但可以君子名之；不必計三德之君子有若而人，三德之君子有若而人，而但可以諸君子槩之。向使此諸君子也，咸共乃位，咸趨蹌于使事之後

而不與雖通欵洽焉雖固無如君子何矣抑使君子也克勤乃事靡
謹凜于王命之嚴而弗與雖叙情懷焉雖又無如君子何矣而孰知
不爾也蓋皆此雖言矣斯時也有乘音之未定而傴僂以欵詞者進
而與言者也有乘音之已定而趨走以粗語者就而與言者也進者
方幸就者之未至可以少伸其說而就者即伺進者之稍靜因之大
白其衷進者方怒進者之多無以達我之私而就者復然就者亦憾
就者之衆無以畢我之隱而進者已然一人趨而上一人趨而下增
欲効欵、之衷以默為告語在雖亦不勝其煩高者引于前卑者引
于後皆欲敷依、之情以潛通其隱在諸君子寔不憚其苦然而諸
君子之為此者何也彼見夫高談仁義者多不諧于世故為此遊談

吉語以善其諧世之術抑見夫風采過峻者多取憎于人故為此懸懸款曲以工其逢人之技況身家之念又人人所共有也彼諸君子之與言者皆識此故也則衆君子然而一君子寧必不然乎抑功名之計又人人之所不能忘情也彼諸君子之欲與言者端非無謂也則衆君子如是而一君子寧必不如是乎而況今日者在公行氏之門寔多懷恰之況而以驩置身其間則盈廷譁亦交為之增光抑今日之往予雖云王命使然而以驩廁身其際則一堂唯亦可為之榮噫諸君子之不棄予如是儼章亦予獨奈何而獨不與之言耶非簡驩而何

彼夫子

層層曲寫恰似當日神情

諫行言聽

諫與言之無阻也可以徵臣遇之隆矣夫有謀有言臣之責也而行之聽之則君之恩也臣何幸得此于君哉且人臣之所望於君者無窮而最不已者莫若書思對命之日蓋嘉猷入告固屬臣職之當然而昌言無阻已見君恩之甚厚寧得曰臣主一心偶然之遇遂可置之而不必指遡之耶舊君之待臣何如使當日拜手陳謨即有逆耳之虞則君之待臣已薄而當日不爾也臣也祗承于帝君也即嘉謨拜于廷矣設當年稽首颺言即有未納之慮則臣之得君猶淺而當年不爾也臣曰陳于我后君即曰愛我一人矣蓋諫行言聽云云絕

慾而糾謬或長甚而捄惡皆諫之類也諫之為義不一而皆主于直直則恐以為忤我而莫之行耳乃逆想當年責以興利歟而利已無不興責以除害歟而害已無不除夫天威亦甚叵測矣茲何以不見其威而惟見其德也則諫行矣或委曲以陳詞或從容以啓悟皆言之屬也言之為道不一而悉主于婉婉則懼以為無關而莫之聽耳乃迴憶其時引以則古歟而古義已無拂于耳導[illegible]適今歟而時務已無逆于心夫君門亦甚遼遠矣茲何以不覺其遠而若覺其近也則言聽矣且夫君能納諫安知夫臣之必諫臣能進文安知夫君之必行兩者恒相左也有若茲之片牘甫陳而即和顏而受之者乎蓋

股肱心膂合為一體矣是何如君也哉抑上能受言不能使下必言
非真能聽言之君下能進言不能令上必聽非真能進言之臣兩者
又相須也有如此之嘉謨乍入而即改容而禮之者乎蓋宮府內外
固有二心焉是何如君也哉故在君也而得長見此行也聽也則君
之厚也臣之願也乃在臣也而不獲長見此諫也言也則臣之遇也
非君之薄也觀于膏澤下民而君之待臣于其國也如此

○○

廢中權

論逸民之廢猶幸其合於權焉夫大不宜自廢何逸民之放言至此乎君子曰幸也其猶中於權也且夫人有高世之行者無往不見其嚴而有玩世之心者亦無往不歸乎正何則古人雖終身隱遯初未嘗自軼於範圍故通變之宜即寓於廉介之內而後人因以窺其大節之所存吾于仲逸之隱居固見其身中清矣而放言則何如也以彼躬居倫類之中得毋欲超然大遠于流俗乎夫流俗誠宜遠也知之時而未當遂不免有避人離世之訊以彼志托羣倫之表得毋欲退然自安于孤僻乎夫孤僻未可安也然處之勢而咸宜適以見其觀變窮几之識知仲逸之自廢亂廢則似遠乎道而抑知于權乎逸民之自處往往孤而適偶以遇利見而動不若韜晦而逸也稱安于韜晦似矣能必其無詭乎不涉

仲逸若曰吾以其身任天下之重此身即爲天下之所愳而名節亦無以自全則其
廢也要不過恨恨自居以期無悞家國事斯已耳嘗以是爲保身之哲哉然豈
知所處之已不適合乎經矣達民之處世達達介而鮮通以爲匡濟之憂不得已
之樂也醻其爲隱淪宜矣然必期其無戾于倫乎仲逸若曰吾以其心繫民物之
此心即爲民物之所拮而禍患亦無以自免則其廢也亦祗是優游自適以不
爲庸衆人斯已耳寧以以此爲養晦之名然終而察之又不覺遺行乎道矣
從來莫哲之設身半由于標榜彼非不自愛也無权以濟變而孤行其意之
風則忌我者得乘其隙而排之同若此之旁行而不流乎吾第苑然耿其無闕名
教者而稍稍去之以遠吾意故其心愈苦而其道愈崇柳群邪之害正半始于
黨同彼非不欲避也無權以御物而于人以不肖之名則愛我者亦分其咎

而憾之何哉此之而全而無害欤吾弟為其不矜細行者而稍稍縱之以塞物議故其勢殊艱而其術殊善嗟嗟仲逸所為極難耳

適秦鼓方叔

超弋

記此適此任有其人吏雅志夫同敦井弓亥適秦之誅獲之適流之適祭適楚也姿有同執之鐘敦知不謂戒惠於徐備以
執任適秦而義友之苦友之乃斯乜怪以秦誓泗乜謂五德適王奉其佳姒旅之鐘敦知不謂戒惠於徐備以
一人如授来人之飯如以二吾而先矣音之長其徒沉令孟同兄之與地一洋其為庤朱之尋習共民與名垔
諸也妠太妠之分此適不人而春共粒有四飯之旄斯中岀之流庤有淏雜適生庱之坐弟豆之備食乜矣
醤居黎之佑役陝罰儌亰雜昰流迚奴国之壌風民與視陀毐之行踪埕如殘之鋪誐矢所誐芟些
善適秦乜乜未春凡魚之也唐之妠止黄儘之代宫悲心燮忮其咨氷孟之坐垔春
其典也秋永適厭心倬屈見屆庱之茫聖坐或春乜牧我有恭俗佡流吕之
徃朕窮幸佣未可幺革龛去此適役不一果之六徟秋何心宰又肉彼屋以陰陪荇荇俗岀乜悠
蓦自昰雲之军玄莀跂乃迚知此朕乜吕佡庱肉魯又肉乜能我適閒卉王乃中映吀伐乜膷

之御龜稚之儷係九方物可卜南征密也既廣敘郵卽傳心庚止律宮咽之之聲其諧若記
唱鐵笆及抵有此何為并接鐘而哉往諧作之風而閑挑器於之先哉莖豈日上相惜而張
方叔法夫鼓而葦屬以旅器卽以飲音鼓鼓鐸於鄉命是大典之収爾所鼓載於和
者器之美假叔同此戰其尚以喤喤之厥嘉鼓居靈之赫濯乎抑或以鼓鐘喈喈之鼓國運之
考昌乎而不然或時諧作之去國悠君右之思人借此鼓以寫其忱而致其衷乎抑俱未見
及此第以蹈蹈而不能一鼓而適齊適楚適蔡於國門鼓而心焉之於是乎繼遊人
之以且為遯世之先
天擇承徵相鈞達

鄭人使子濯孺子侵衛衛使庾公之斯追之
鄭衛稱兵以之皆得其人焉夫孺子庾公技則相謀而道不相一者也乃一以鄭使一
以衛使或追或侵二年何以爲情昔者逢之殺羿非有奉公之舉者也夫以二堂之誰
羿猶無以圖存說當日者各君其君此也受命而往彼也受命而來抑不知何以處此也
吾茲有懷于孺子庾公之事於稽其[illegible]鄭人使子濯孺子侵衛衛使庾公之斯追之夫
鄭本桓公衛本康叔先王先公之澤其未艾乎鄭不道而潛師以[illegible]君子曰鄭有罪焉（溯世系以示惡）
夫同爲姬姓後無故而入人之境無[illegible]而加人以兵鄭其欲速得志於衛矣雖然越國
以圖遠吾知其難也而衛已果爲之備矣然皆不具論獨計孺子之在鄭也衛君臣闔
之寧不曰鄭有孺子鄭其未可冀也即庾公之在衛也鄭君臣知之寧不曰衛有庾公
衛其未可問也若然衛有庾公鄭可來以孺子使衛有庾公鄭願以孺子使此不難於
爲孺子而偏難於爲庾公若然鄭有孺子衛可不以孺庾公使鄭有孺子衛願以庾公

使此不難於為庾公而更難於為孺子異哉孺子也當其受脤於廟獨次斟庾公辦乎[為何追亡者誰句]而慨然受之在孺子未以無心[孺子此來無好意]異哉庾公也當其誓師於社獨不知[該知]孺子來乎而受之不辭在庾公未必無意而吾因之有感焉脫也二子而優游於家相與謀[講]明于志正體直之誼孺子之願亦庾公之願也脫也二子而並仕於朝相與益詳于轉虞射首之節庾公之願抑亦孺子之願也即不然而清風授律專元帥之選而指揮三軍一將下師而聽閫令相與戮力王室藏此[藏那個]而後朝食其愉快又當何如乃何不幸而侵者孺子追者庾公也然亦何幸而侵者孺子追者庾公也

何來文字一片清逸令人致賞雖精采未茂而短兵相接令人氣寒如此覺為浮詞纏擾不見神骨且亦似無律之兵

為 之 之 之

鄭聲淫　　錢振先

聲以淫稱、非為邪者所宜聞也、夫邪有淫聲、則正聲奪矣、鄭聲之放也宜哉。夫子意曰、雅頌之外、十五國之風備矣。乃吾獨曰放鄭聲者何。豈謂其遵路乎。同車乎。扶蘇乎。蔓草乎。此其詩也。非其聲也。如以其詩也。則衛亦有新臺。衛亦有桑中。而原不揜其康叔武公之德。齊亦有東方。齊亦有南山。而終不改其泱泱東海之風。唯論其聲也。則鄭獨稱淫焉。蓋咸林溱洧之墟。風會所趨。似多得兩間之淫氣。而莊昭厲文之世。政刑不節。遂成釀一代之淫聲。凡陰陽之相和者不謂之淫。鄭人之聲。陰縱而陽不能止。初出之而婉麄再出之而靡曼矣使人耳失其聰者此也凡性情之相叅者不謂之溪鄭人之聲情流而性不能閑一聞之而怳惚再聞之而駘蕩矣使人心失其主者此也故不惟遵路溪同車溪即緇衣之好賢羔裘之美節亦猶之乎溪也其聲使之然也雖以關雎麟趾之篇使鄭人按律而歌之寧有溫柔敦厚之遺哉不惟扶蘇溪蔓草溪即雞鳴之勤修東門之寡欲亦猶之乎溪也其聲之然也雖以文王之清廟之什使鄭人秉籥而奏之寧有莊正和平之響哉是聲也薦之於廟則鬼神惡其不祥固足以羞雅頌褻之於朝則律呂受其蕪穢亦足以玷風謠夫溪聲者正氣之敵者也一溪聲者百

淫聲之倡也。敵不可長。倡不可先。計惟自放之而已矣。

辨透聲字痛發透淫之病便見所以當放處奇情逸興絡繹筆端真風流絕世之文 洗再武

前人誤舉鄭風以實之獨洗出放字郤即點化為波瀾仍無一句不切鄭也善於翻案故徵材甚多執轉跌宕。不但迴應遵路同車等語首尾一綫即前幅齊衛二襯後幅關雎麟趾文王清廟二轉已郤從發端雅頌十五國風二句中伏脉矣名手一字不虛設如此何 屺瞻

刻發放字乃合槩舉鄭字之意疏淫字見得關係甚大則不可

不敢意自醒行文於流逸中有彬郁之觀其骨格之秀初不繫於選擬作色也李惠時

隱者也

聖人不忘情于隱士。而知所遇之即其人也。夫士而隱其不得已乎夫子詎常忘之哉。故一聞子路之言而起立曰。吾聞至治之世初無隱名隱之名。起于世之不我知。而成於我之有所激。豈吾輩之𥚃哉。乃不意至今日而屢見之如子昨之所遇乎。且以為何人耶。聽其言不適勤四体分五穀無爾以甚異于農夫也。設有異于農夫。即有可識也。入其家方且具鷄黍接殷勤無以甚異于俗情也。設有異于俗情。即有可見也斯人也是亦一接輿也而並無任之態者也是又一微生也。而並無固之迹者也想天下國家之故子計之熟矣。若人亦計之熟矣。第一較計之。而無取於如此。彼熟計之。而遂有取于如此也。想功名富貴之途乎視之淡矣。若人亦視之淡矣。第予覺其淡。而不妨入之。彼覺其淡。而遂決以出之也。有謂涉世之身勞。謝世之身逸。此非其知己也。夫以謚之勞。較避道途之勞。亦豈有殊耶。奚必舍此而之彼也。有謂濟世之心蕩。遁世之心恐。此亦非其本衷也。夫悽惘之心。激為棄絕之心。不更戚耶。奚不轉避而為就也。夫惟如予而後可以隱。亦惟如予者而後可以無隱。然則如予昨之所遇。真隱者也。子且以為何人耶。

同事相去日遠相悖

妙。如此出題。寄至三十三层亦

隱然學子之此及於

通篇不便步題。只用意從對面點出。三十年前常事。不足為嘆。其轉變只須要中去年二字。便天生奇丈人與世人真是一流人。一般深腹兩樣哭嘆。千餘相思著眼癡痛子是、般為那裡。純是詩自已家腸。不是判丈八川。經學者宜細和先生提筆時。

樂則韶舞

元　甲子江南　薛觀光

媿虞樂於制備之餘、有不期而合者也、蓋韶（紹）有虞之功德、斯合韶舞之音容也、非然而強期之、夫豈樂則必韶乎、嘗思功成始可作者。歸本同和。時異不相沿者。各宣雅奏。王者率三代以後之執物。似難擬三代以上之形容矣。然而治化之所彰。流於既溢。斯治理之所尚。符於自然。溯元音而昭帝業。烏知今必異於古所云也。如行時乘輅服冕。既於夏殷周折其衷矣。自是可以導和矣。一世之人心宜靖、靖於法制者顯東官骸、猶未若靖於音容者隱調氣質○是○元○識○○○○○○○○○○○○○○○○故治際休明必從容而議太常之守一王之道法宜傳之舊遺規

（氣象堂皇）（蒙上作翻）（題中要旨）（落句竟重）（意比）

（止領樂○蓋○題○中○樂○字○原○作○一○頓○不○急○擒○韶○舞○方○留○得○字○神○情○真○）

者止循典則猶未若傳旨雅化者常見精神故治臻大倫必順適
而謀協律之藏夫然而樂其不作乎幾疑出治之未醇夫然而樂（樂字舟作傳欵○正為字字作意季○淳）
其漫作乎當思取法之貴上則（惟）是后夔典司於虞氏敬仲抱器於（則字解極）
齊廷曰韶也則惟是有苗來格於羽干季札止觀於覆載曰韶舞
也蓋舞者所以節八音而行八風不言舞而韶未全其美倫韶者（韶○音○安○故○極○湯○羣○亦○雖○厚○通○於○全）
所以統五常而冠三王不言韶而樂安在其立隆女為邦而及此
乎乃可決然而定所從矣非有以懋厥德也必無可以昭其德念
自韶舞以來大樂代興誰復具此不與之心者而期合節歟顧德
亦第患無基耳王者深宮建極而汝克協贊於其間則克復之兼

韶舞原非中和其聲容中正發直探根源究復代始己山類真境

施充其量即不與始基於此矣一旦雜五絃而賡續之安知盛德

迹然亦不必發是

所發揚不足以形綴兆而奮其光乎況夫韶舞所昭者德已幽昭

諸韶舞者德正顯畜是德而調是樂不啻形與神凝也毋慮情文

不浹已非有以累厥功者也必無可以象其功念自韶舞以後大

樂屢更誰復樹此無為之烈者而望嗣音歟顧功亦第恐無藉耳

王者明廷熙績而汝得揖讓於其閒則伐施之胥泯極其化即無

為亦藉諸此矣一旦奏九成而迄遂之安知豐功所洋溢不足以

諸律呂而宣其豫乎況夫韶舞所象者功愈神象韶舞者功正溥

建乃功而播乃樂夫固道與器俱也毋煩謙讓未遑已不圖至斯

一此取則字之神韻高者韻雅俗共賞　短此中亦必

吾生平自有其獨契而解人可索唯女與同則雖閉户閑居猶將

淡有根托推激之筆方可傳誦

摩挲故物以附千古之知音而豈其鼓吹盛明不共譜清廟明堂

之響合同而化先聖王各有其神明而餘蘊無窮至虞而極則雖

夏護象武亦第並列宮懸以備列朝之音律而豈其採風諸國得

上掩阜財解愠之休樂則韶舞樂定矣治法亦於是全矣雖然又

不可以不謹也

題面上三句交互味一則字見夫子心契乎韶者深於不覺辭之決且夏時等國子叔

制可備韶舞昭其止齊寡之襲夫子想像在韶並想像在舞之功德於則字大書

嘆想不置之神是將中或者只祇不勝其神而歎兒眉重神奏播文何愧

賢者辟世　四句

辛未會試　吳鴻

有各行其所辟者、格愈降而情愈深矣、蓋世不可為、賢者雖迭出於辟、而不忍忘世則一也、夫子迹舉之感深哉、嘗謂天之際古聖賢所參觀以求合者也。使慨為不可挽而潔以自全。天下幾無為焉者矣。豈知運有汙隆。道分升降。士君子當無可如何之會而猶不孤特其本志之安固有迥降而仍歸於遇之窮。皆一任天聽會之，所不合而辟以成焉。此豈有心斯世者所忍而出此也哉。一國家隆替之由風旨先徵於俊乂但使一二英流落落布明廷之上縱復時清有待而未衰之文貌猶堪隱繫乎人心豪傑閱歷之稔功名

○其旨○次○旨○味○枉○鍊○

二比○藻耀高翔文中鳳○

恒出於艱難。當其盱衡時勢。茫茫計六合。而遥籍令善可圖存。將
永夕之縶維。猶未激成為高蹈。而若之何以辟閙也。吾有以知賢
者之甚不樂乎此也。則且分觀其潔身之轍。而迭徵其遠引之由。
夫天下滔滔。世為之耳。業舉目之皆非。豈側身之在所可攬。古之
人耕釣待明王之遇。空山待太息之叡。良謂此中人不足為斯世
可也。而賢者之行高矣。而賢者之心已苦矣。則亦有不必然者。我
（頃往看句，蟬聯法）（精自然）
生已晚。安在此世中遭遇太平。彼都可懷。或者異地闇尚堪託足。
審乎此而以藏身之固。為觀世之明。辟之所為變而通者。此其次。
然而莫能相尚者。易地之同也。不俟終日者。見幾之哲也。君子既

量其時又揆其遇色也言也端自啟微而之著機鮮合而多睽此
其為辟有每況愈下者而亦何不與辟世之人殊途同歸也哉吾
因之有感矣律以觀時之深識知孤高非意氣之為使竟惡此而
逃何不操一局以成獨行之舉而猶必委曲而酌其通以是知未
免有情終難恝置也由世而約之地由地而遷之色與言山林之
癖不敵悲憫之忱當夫分道而馳而素志之縈紆彼此俱堪相喻
幾不僅遁還其格以隱受斯世之推移此亦賢者之所為自傷也者
矣衡以氣數之由來知遇合豈猝然之事彼夫虛文所寄何弗稍
為假以副奇士之心而偏若輾轉而居其阨以是嘆所如不偶洵

短

神

妥宕漾之筆妙文氣寬舒

清眉目

精筆妙在簡而渾

腴而得

翻筆妙在

接筆相

屬適逢也世已非而地復迫之色已失而言又乘之相望之殷不

敵相操之急就令降心以就而身名之抑塞俯仰絕少寬閒夫且

若迭設其途以還聽斯人之位置此識賢者之所難自主者矣而

要其心終非有樂於辟者也賢人隱則世運愈難聖王有作舉今

日之引辟恐後者一旦皆可以復集獨非若而人所厚望哉

題地題意題字毫子精義俱已赦似注疏次乃盡理如是能矜

心立異也其妙得句性生後比尤卓神絕世

慕君者之心誠欲是　仁之也仕則任焉　親如手足

頤可不得乎君之心然而得者少其不得者多也計及于不得惟是目中有一君意中亦有一君而將父將母之恩且將置之於度外即心灼爍之交煎衆不足以比類仕則君君之土食君之粟顧可不得君之歡然而得者暫其不得者常也慮及于不得惟是君喜而彼亦喜君憂而彼亦憂而生我撫我之恩皆可棄而弗恤即燎原之延爇弊不得而撲滅仕則慕君不得於君則熱中甚矣仕宦之足以移人也回憶依依膝下曾幾何時而少艾奪之妻子奪之今何不幸而慕君之心又奪之此人子不皆孝子也

處處針對常人慕親服服是移箇慕父母之心以慕
君方合題旨

點爾何如　而歸

覌狂士之容與詞而志識異乎手鼓而舍〻而作容已異也而況莫春禁言詞又若是乎吟乎不異今夫一堂言志亦何必求異于吾党哉然而有意求異者畸士也不求異而自異者狂士也其容貌辭氣可想而見焉何則乘時利見之具今日無此遭逢而觸景留連之情目前皆成樂事點之抱此撰也久矣乎不問點亦不遽言也將欲言觧愠阜財之風乎此由與求之撰也點則異是將欲言絃歌礼樂之化乎此公西氏之撰也點又異是憲託于一彈再鼓之下雍容于作止語默之间寫斯時不已

如坐春風識乎是因莫春之時言莫春之志安吉與歎春服成也少長咸集童冠偕也濯新泉以自潔沂可浴也披和風以為娛舞雩可風也久而人影在地執云憶兮其志歸時哉餘興未闌亦且行歌而相荅點之言即點之志點之志即點之撰果何傷乎蓋天下高朗之人必有逍遙不迫之致故先生問焉則起而對而侍立之際其容独暇天下放達之士毋多飄然物外之思故人各有志毋相強焉而杼寫之餘其詞独曠噫異哉夫子斯時亦若與點同坐春風而樂為之賡同調矣

即擒無字是截題法

點爾何如 之撰

庚午 湖南 朱景英

狂士因問撰而副以異，已微示於忘象間焉。夫莫異于點之瑟，一舍瑟也，乃更以撰之異者副所同，點之爲點何如哉。且士之所以負其興於衆者，類不問作止語默間也。夫一堂問答商確者用世之資，而拔俗士乃別有懷抱，既諸帽其風神，若蘊藉乎倆爲，即一時作止語默間已微窺其人之岸然自異矣。三子之撰，兵農禮樂其選也，獨未知斯時並坐鼓瑟之點何如者。夫子蓋心識之，繼三子而問點，其視問三子異也。不曰耶和聲以鳴盛，難得者功名之會，逢其適耳。夫思將帥者聽鼓鼙矣，而鹹蜡釀里社和笙鏞

匪筆未化

儁朝廷之美誰是用符其才乎乃不謂凡席領之者而未能也此三子之互有異也子故終詢之點也古調常自愛所惜者處士之純盜其虛耳夫發歌聲者出金石矣而執籥寫榛苓之慕擊磬慰桑濮之愁則亦因寄所托焉乃不謂旦暮遇之者而如相約也此又三子之無大相異也子故急詢之點也然則夫子之問點誠無異于問三子也獨未知斯時鼓瑟之點視三子之撰何如者謂從手揮目送下一歸乎躁釋愁乎則點以瑟傳矣顧神往興來而以破其無聊不平者猶後而會心不遠若無鮮於己意之孤行是以戒四座而勿喧而俞席以陳詞已不勝其長慮而顧

興會標舉灑灑生新禁陳不必用

從音沉響寂餘一據其蓄念幽清則撰復以瑟寄也顧小節底
所以動其自古在昔者亦有心而渺渺予懷若私抱予抒機之
出夫是以含才意而未伸而疏越有餘音似代寫其容與而徘徊
矣一觀其鼓瑟希鏗爾舍瑟而作對曰異乎三子者之撰點之為點
果何如耶大聖澤士以琴書而雅人有深致偏露於若近若遠之
間此其率性而行者惟自好以暇故獨鳴其豫也曲已將終而言
不盡意覺翛然自遠者不啻虛與之委蛇一治賢繫念者經濟而狂
士有高懷自出於不即不離之外以其任天而動者無所于欣亦
無所于厭也問已方周而對猶未竟覺翛然相需者幾□謙□所

點爾何如 之撰 朱景英

絲○藻○噫異矣五、夫子問撰時固早有以知點也何如一問呈郎有異視點之心耶然則點真何如者（山外山）此題首句脫落一病也○前路正喝破異字二病也○中間若雜安放○三病也○扣首句與問求赤側看○透不動異字○四病也○與問由求兩樣○夫子先看作有異○五病也○末句尚虛○實點所以異處○竟似可刪卻下文○六病也○寫異字一着眼駁三子語○致狂士涉矜○七病也○此種文久不寓目不意于墨藝中得之　張恪仲

寫景獨到妙處正不在景於不着景中銘無遺●得變化似有步驟亦要說規

點爾何如　一節　汪薇

異乎人而同乎聖狂士之志也夫言志于聖人之前而自以為異誠異矣子之即其言而與之也其相感殆有深焉者乎且夫人索居一室而有懷莫白誠鬱鬱耳一旦同堂晤對各出其生平之隱願以共質于良師友之側豈不甚快而顧乃負其卓犖之致以自托于不可一世者之為揆諸聖人懇懇善誘之意豈有當乎而其寔不然夫負高世之才者必不屑苟同于人懷曠渺之思者闇亦或寓意于物當日點承夫子之問方且雍容鼓瑟作止自如其氣

康熙辛酉江南

彖固已較然殊矣而即進而言曰異乎三子者之撰斯時也點之自視為何如耶令夫異不異亦何常之有伏處而談往古雞鳴風雨夙夜不必相謀此性情之為也必欲易彼之所非為吾之所是則學術亦病于拘牽慷慨而商治畧水火工虞神聖不必相假此運數之為也必欲借人之所長掩己之所短則天地亦疑其狹隘子曰何傷乎亦各言其志也蓋不欲點之強為同也雖然點何異異莫春耶異春服耶異童冠耶異浴與風耶異詠歸耶不然異乎三子而即異乎夫子耶東山泗水之間杖履優游亦幾永矢

告然而大道之行未嘗一日忘也西歸可懷常抱此已溺已心
願則栖栖者終何時已乎齊楚宋衛之郊風塵勞攘亦幾盡瘁而
弗遑然而時命之悲不以一已與也删定可娛常懷此若將終身
之志則落落者何在然乎是故夫子一聞點言即不禁喟然太
息而深與之其所以契夫點者深矣嗟乎聖人學于萬物况其弟
子乎三代之英未逮也覆載日在俯仰間也點猶多存一異之見
而夫子不已深遠也哉

後半點化不為已喜不為物悲之意妙與註語不黏不脫故情
味轉佳

康熙辛酉江南

興懷帝女傲且愚矣夫二嫂何如人乎而可使治朕棲耶甚矣

象之傲也亦愚矣嘗思閨門為萬化之原婚禮為人倫之始

二嫂使治朕棲

興懷帝女傲且愚矣夫二嫂何如人乎而可使治朕棲耶甚矣象之傲也抑亦愚矣嘗思閨門為萬化之原婚礼為人倫之始甚未可以傲舜之談愚人之念而孰為定論也象之謨蓋都君也干戈琴弨而外又曰二嫂使治朕棲斯言也何言乎象全不仁必不以舜為兄然後可如其以舜為兄則為舜也妻即為象也嫂象不以二女為嫂然後可如以二女為嫂則為象也嫂即不足治象也棲矣且亦愚二嫂何等人乎生于深宮之中習聞內則之訓其賢之淑而性之貞者自不待言故無論舜浚井而出也即使泥于井中吾知二女必有撫干

大道中

孫存

外自內
內自外
二人同
行允有
大小

戈而心傷對琴弦而淚零方將独守孤幃柏舟自矢以安二親之來
至於姒叔之間心不容適一辭也則治婁人以當日者堯固儼然吾
也鐘將之嫫不終愛女之情猶篤思問治樓之言當亦▓于四岳九
宮十二牧以聲象之不弟亂紀之罪象亦安於擁二嫂而圖洩濤之獻
哉故凡事可讓而燕婉之私尤不可讓雖以舜之愛象而當年愛室不問有
兄弟與共之言凡事可分而居子好逑尤不可分雖以堯之愛舜而當年釐降不
容有娣姒妯娌之議也則使治朕棲于理不順于情不安微其佳耦設室貴不
獲致其實事至諸偶在清議莫逃愚妄生其淫念適足以見其敗倫亂蒼
梧之野淚而湘江而後知二女之順之淑而性之貞未可以象之言為訶也

館於上宮

觀
大賢之所館遇亦窮矣夫上宮何宮也而孟子館之乎乃於之滕而適館此也故誌之且世之盛也君於賢者有適館授粲之風未聞賢者有僕僕之苦也流及既衰而賢者之往來居處亦維艱矣不觀孟子之滕乎吾聞之適百里者宿舂糧由鄰封而至止非旦暮之可至也是必有以棲高賢之駕矣抑適千里者三月聚糧倘由鄒而庚其尤涉跋之維艱也是必有息遠人之轍矣孟子蓋不能無所館也古者司空視塗司里授館賓至其國毋或不虞滕之待孟子何如而何者可以暫息乎古者僕夫巡車犒人塡館賓來

及郊已嚴斥候孟子之於滕何如而何者足以羈西乎相傳謂
館於上宮耳夫上宮何宮也其爲四方之客舍乎則往來雜沓
多行人之跡以孟子而混於此其何以表修士之儀乎然而孟
子卒未嘗表異也旅人即次亦其分之宜耳其爲小邦之廬舍
乎則從車數十耐行李之多艱以孟子而鬱於此其何以適多
士之願乎然而偕孟子之滕者亦別無所願也嘯歌偃仰惟
其地之宜耳蓋嘗處於雪宮矣當時齊王欲用孟子故孟子
館於齊茲之於上宮其亦避乎在齊之樂耶亦嘗館於畫邑
矣當時齊王已不用孟子故孟子館于畫茲之於上宮其亦如

畫邑之境乎夫中國授室養以萬鍾猶有願不令之處于此也在陳子輩亦熟知孟子之苦心傳食諸侯不以爲泰素所自明今之托於是也在彭更輩亦明悉其師之尚志而館人何以未之知耶嗚乎此孟子之遇之窮也

謂之吳孟子

萬曆丙辰　申紹芳

魯不正其名，欲盡而諱筆矣。夫吳而謂之子，將無欲歸其名於一字

孟之菲耳。司敗譏之者，曰禮至今日而濫觴矣。千古之紀載聽其

顛倒，一時之稱謂佐其諱飾，不意秉禮之君，乎更從而和之也。夫

魯君不當娶于吳耶？蔑禮而乖宗，即百世不應無稱於吳孟姬

者，姑且以耳目可塗也，名稱可假也，攜館大夫親之餘媵婦也

而附於乎，孔子乎，先賢言乎，吳姓之紀綱乎，孔子也而何乎吳矣，當其嫌紹

策而告之辭，不曰孟姬而曰吳孟子也，偶不得追則以吳而諱之乎

者何？古縱之于而諱之吳者何？故嘗瞞吳于戰將之心，取于目是明

神明鑒之，漢號而傳之野，不曰孟姬而曰吳孟子也，不畏呼

學知何關謂一姚若非九也是不而數以宗豈也予代姚道

閻訐宗之不可以取若無而叢口可獨耶。若思之矣之與國

若蘇秦若蔑以若芊戎並不一姓各不相奸也猶至君而後言之

名辨依附于非與非宗之間其謂之何思以於魯之衛若字

若成風若敬嬴與定姒載在國史言之必可信也猶于君而加於

之大典令人致疑于或與或宗之間其謂之何甚矣君之暗于

也勝以學之長辨說以問罪于君曰僑在以猶而謂婚婣異之也

主也而若且寡于之也則讀倫之辛謂之若遂所以章也勝則

陽之論道何以秦而于君曰然之主有閒明以婚婣也

在其謂與論一姚也則謂姚之倫之若正所以字也故吾不暇

以魯而娶吳，音律其罪，即其吳而謂之子者，已足當一字之誅矣。天下有知禮焉如是者乎。結到不少孔

吳姓姬，子則宋姓也。吳而冒姓子，子而仍繫吳，於自處亦化。知篇中只就吳孟子顛倒翻弄，自覺綺語可笑。後二比至急待辨矣。極得法處，互起手撞破一句，以下便步步理論。輕挑淺逗，微致冷摯，無一語不精妙，初學熟此，自然靈心濬發。

謂之吳孟子

蔣德埈

述魯君之諱姓有不能盡諱者矣夫諱之以孟子而仍無之以吳孟子君雖巧也如國人所謂何聞之禮有易名之典而無諱姓之文夫魯為望國守府是依而周之宗盟異姓處後若既瀆以其儕類而復亂我宗祧則無如娶吳一事二姓合好古人重婚媾之制顧百兩以御而親結其稱者則匪甥舅而實兄弟也其謂之何百世不通先王有學別之道顧造舟以迎而宴爾新婚者竟問諸姑而反伯姊也又謂之何乃君之稱之也則有辭矣曰孟子乃國人之易斯稱也又有辭矣曰吳孟子孟則其序也有味孟姜者矣有味

孟庸者矣不意謂他人父而彼羡孟姬漫指為長發其祥子則其
氏也其先以孟子矣其先以穀子矣不意貽厥孫謀而為魯夫人
得桀從元妃之號幣而聘獻則問名已非冕而迎獻則崇稱亦謬
豈裔夷有稱子之例而爵亦從反者耶不然何句吴之亂而蔡東
夏之戚也告之宗廟而欺我祖禰書之冊府而誣我臣庶豈于歸
有之子之稱而義取宜家者耶不然何古公之支而通玄王之系
也廢王室之大宗而承祧于勝國使泰伯而有知當必𩒹夫赫姪
豆而深不祀非族之痛易天潢之伯父而繫譜于賓王侯上公而
遠嫌又將對闕閭嗣孫而反致不自婚姻之義尚今日蘋藻薦羞

考及仲子之宮而不幾指尸齋季女而以為姪其從姑恐與日戚
娙言歡欲賫碩人之章終難閒象賢遺胄而以為我淇淇勇氏方疑
諸姬來勝乃合帝乙歸妹之占不謂宗遠輿嗟即是吳女思寧之
賦矣噫異矣
止用吳字子字顛倒指弄或順而逆起或逆而辨斷或開中擬
儀或旁邊點綴層翻似出其不窮從

謂之尊賢貴貴尊賢

尊賢亦有所謂也可與貴貴而並援之焉夫尊賢為敬下之謂猶之貴貴為敬上之謂也宜安分者亦宜忘分故孟子統言之若曰吾言友而曰友其德夫德在斯為賢友在斯為尊古今來輔世長民莫如德所與朝廷莫如爵同為達尊也[illegible]者出而尊賢之所謂[illegible]失貴貴之所謂[illegible]敬有德者[illegible]於尊者侯哉嗚呼其亦嘗即其者而還援之與用下敬上既謂之貴貴矣而用上敬下則何如下何以可敬則其以賢也上何以敬下則以其不用貴貴而尊賢也以彼萬乘之君公豈不欲印[illegible]

大而顯允下矣處士者貴與賢並奉其業處以尊崇
貴尊賢亦同列斯世故不難屬爵位而撤道德焉則甚哉敬下非
無謂敷賢者即其謂矣側席下士之風邈焉無聞居今日而欲求
其有貴貴者有之矣欲求其尊賢者有之乎然試即其所謂思之
則其由來者漸矣旁招俊乂之士久焉不再居今茲而問其能貴
貴者能之矣問其能尊賢者能之乎然就為之明其所謂則其由
來不可沒矣此蓋謂之尊賢也不猶夫敬上之謂貴貴哉而吾竊
怪夫人何以謂賢之當尊而不盡尊崇之意謂貴之當貴而即極
承順之功得毋謂貴能驕賤凡在貴之下皆賤即抱厥德於躬

位語、平和今
題位

者亦羣知爲居上是貴當貴而賢不必尊也歟雖然吾且即此而
並思之即此而統按之必欲矯世情而謂貴之當無庸貴是忘分
也夫天下有賢而貴始尊亦有貴而賢始顯忘分固可以爲訓
欲扶權勢而謂賢之無庸尊是反玩賢也夫天下有位者必
獨重有德者必較輕玩賢亦不可以爲法嗟求賢之宜尊不誠無
殊於貴之宜貴耶則世之人苟欲僅知貴貴之敬而崇之曰王
貴輕視尊賢之文慢而語之曰士前夫亦多見其昧於義之甚歟

筆机自順但須加以巧思方能動人

○○○

謂柳下惠 適秦

而魯賢而逝評其逸。魯伶之避地者可並誌矣。夫惠爲魯賢。與少連數子。逸固有異而無異也。予既繼夷齊而論列之。彼魯伶之避地者。不又可誌乎。今以逸地之懸殊也。使第即其避絕異者而評品之。其説亦隘而不齊。蓋逸之品無異。逸之迹則有異。致逸之職無異。逸之地則有異。避窮之無異也。惟御以不忍爲逸之聖。心覺逝雖有異。致地雖有異。避擇不得爲異焉。夷齊固不降志不辱身矣。吾思之。今夫夷齊有國者也。稽今熟天倫之婦。塤篪並奏于後嗣。千載下。國以譜。以爲歌。詩。俳。朦。瞍。伶。工。播。揚。盛。而。衍。六。國。而。

逃掃地而遯異兆都與於此哉然夷齊固不降辱者也其為柳下
惠諸人冠也固宜開之柳下惠為人直道自知傲與俗隔偶合齊
陳楚蔡間何往不可御徒而自適也必依以為進退維谷較之不
降辱者就六興斷所同工哉然惠之言則中倫惠之行則中慮雖
時同乎惠者有少連異乎惠者有虞仲夷逸或隱或放迹固迥殊
要其中清中權與中倫中慮未始不渾為一致矣乎之繼夷齊者
而論列之也都以知我夫子因之有感矣事苟膠以成心未免拘
夫而不知變之數子都有所可即有所不可正不僅為齊也不降
辱焉也卑總今古也吾子苟無所為興不幾流於逸而罔別乎雖

然予即不忍爲逸不能必斯世之不逸予即不終爲逸不能以氣迎之逸不遊人以逸觀予雅謝絕賓樂唯聽響即律呂之原一盛意之故我太師雖備樂官有素國宜絜干繚缺而起也適齊適蔡適楚適秦藉以志降而身辱拒恐輕其心耶之邦而飄零人國乎哉

觀或則謂太師諸人之遜正有大不可者泰司宗國之宮懸斷無舍此他適之理摯而爲之倡長官之義謂何干繚缺爲之何一飯不忘君者又謂何也知吾舉國有抱身散處三黜不忍去者摯耶而爲鄙妄耶不謗遺逸之孤蹤躔阨窮之故武竟紛然舍其耶谿士君子不卑小官托業伶倫斯已奇絕而後不得行其志則有欝

々難久居都都心心論世至此未嘗不嘆也諸侯遊遊樂府半就
堂也要之宗邦無可去之義以爲何必何去而眷戀不舍者是以
不去謂明以去爲不可也以爲不必決去而忽然擇地而蹈者是々
去爲明以不去爲不可也吾子則都興可止則止也尚論抗深情此
生鳥容少賤可去則去也行藏無定歷列邦舉足周流以視患遠
諸子也興事而同情摯干繚缺之同時而異地異聞相去何遠哉

氣味深學必中之選余雅最愛此種

騂且角

李廷樞

物有兼美者與自出者異矣夫卜以騂者未必角角之者未必騂之而且角而定出自犂牛之子也不洵異耶今夫物之生也貴適乎時耶物之顯也務合乎制耳然而有其一者不必兼其一得乎此者未必宜于彼則備美之難也而敢望之由來之未善者能挺然而特出耶有如犂牛之子是犂牛之所生也其色之弗純勿怪矣問之牧人所鄙而弗憐也是犂牛之所產也其質之多陋勿計矣進之羊牲必薄而弗飼也而頗望其騂耶夫騂昭代之選也夏尚黑而牲玄殷尚素而牲白而周之是烝是享者惟騂可生清廟之光而頗望其角耶夫角祀典所重也嚴誌異于改卜角尺則燕乎賓朋而祭之川嶽以

薦者惟角可以神明之底而不意得之犂牛之子也進而擬之則真
騂矣即而視之則真騂矣是誠本朝尚赤之選也所謂從以騂牲享
以騂儀者而已得之犂牛之子滌而備之則誠角矣卜而養之則誠
角矣是誠朝廷薦歆之物也所謂天地之角繭栗宗廟之角握者而
已得之犂牛之子天下騂者未必角蓋有其文者不易兼其質也而
況其出自犂牛也竟如是之騂且如是之角是造物之所特生也無
[illegible]蠶之侵而有博碩之望自與圭璋簠簋同壯俎豆之色天下角者
未必騂蓋有其質者或不備其文也而況其生于犂牛也而竟無愧
于騂且無愧于角是王朝之郊禋重也閑童牿之觸而告鸞刀之啟
必與琬琰琮璜共著馨香之典此而相之兆牡騂黃之外慶不湮於

騂用之可貴下用字

二比推論且字意下用字

上二比親切

牧人此而置之荒煙寂寞之區豈不沉乎邁種而奈何欲勿用者乃
有其人耶
只在三字中或分寫或合寫三字寫得大有彩色則下文不舍意
自併入句中故依截下題只要本位幹旋得力下文自然玲瓏四
映

雖欲勿用　葉長揚

勿用而在人也亦徒存其欲而已夫可用者孰如騂角也人胡為而欲勿用乎然雖欲之其果足為騂角病哉慨自愛憎之不齊也貿異才者往往見屈于斯世顧物患不能異矣果其異也則其具在我斯世之媒孽亦祇人情之多忌黜陟之權正不妨如其意以恣肆也如犁牛之子而既騂且角矣是本朝之所尚也所生不偶而遂種稱奇薦之壇壝行將與雞彝龍勺並生俎豆之光是清廟之所選也所產雖殊而軼群可羨登之將享自必與大犧龍旂共紫凡筵之色則騂角之宜用也必矣然而大下之憐才者有限而妬才者無窮矣則有因其騂而疑其騂因其騂而議其騂者曰是騂也是犁牛之子之騂

也。則有因其角而疑其角，因其角而議其角者曰：是角也，是犂牛之子之角也乎？是已經絛牢而薦，而持論者必正襟而訾其長短乎？是已經卜牲而登，而排抑者猶補牘而陳其可否，則夫勿用者，豈非人情之所欲，蔵然思騂角也，而乃欲勿用哉？從來流俗之議評，初無關于得失，而固不能不聽夫人之議評也。彼勿用者苛也，而自以為明刻也，而自以為公，為騂角者固無如之何也。来流之毀譽，曾何與乎是非，而固不能不任夫人之毀譽也。彼勿用者明而益縱其苛，公而益縱其刻，雖騂角亦無如之何也。然而已無可用之具，則操其權于掌事，持其柄于旁觀，是其淪落不偶者，非命之為也，寔己之招也。何自而來賞識之真耶？我有可用之才，則苛其論者徒勞，過其見者

寔為多事是其乘時而見者固事之常也亦理之必也何為乃生棄置之悲耶則雖欲之而已如山川之不舍何

雖聖人亦有所不知焉

以聖人而有遺知者、可以見道之大也、夫以聖人無所不知、而猶有遺知焉、則道又出于聖人之外矣、道不旣大矣乎、何則、語道而至於夫婦之所能知*（衆上直入）*○宜天下人人皆知之也○而又有聖人之所不知者何哉○蓋道之費也○毫末不足以定至細之倪○天地不足以窮至大之域○有可庸吾知者○夫婦得夫以與其知○有不可庸吾知者○*（淺○去○不○知○熟○到○有○不○知○用○到○至○微○綻○處○亦○）*則聖人亦有時而窮矣○是故無不知者聖人之心也○故聖人以心*（○有○所○三○字○亦○見○）*冒天下之道○於是乎道不能勝聖人○有不知者聖人之勢也○故道常包于聖人之外○於是乎聖人不能勝道○聰明緣耳目而有也○於其不著乎耳目則聰明將無所寄而窮神知化者或病于兼照之有遺慮智由心思而得也於其不涉于心思則慮智將無所出而盡性至命者尚阻于周知之不遠東海有聖人出焉此心同此理同也西海有聖人出焉此心同此理同也吾所知者此心此理而已至於宇宙之廓寥豈能一一盡履其地而窮其變態之賾千百世之上有聖人出焉此心此理無不同也千百世之下有聖人出焉此心此理亦無不同也吾所知者此心此理而已至於古今之遼邈豈能一一盡當其時而得其損益之微我觀夏道杞不足徵也我觀商道宋不足徵也非不能徵也勢也勢不能徵聖人亦無如

此等語以為微妙不知只得是真確也　是有所不知

用陸子靜語恰合

二字方活

處處有知之不盡有所

越實發不知越見高渦

之何也六合之外存而不論也六合之內論而不議非不能議也
勢也勢不能議聖人亦無如之何也一寔自聖人觀之則其所不知（作法精法局）
者要其所不必知者也其所不必知者無傷于聖人之知也天下（變局一振）
不得以聖人而病道自道而觀之則聖人之知者道因在也聖人
之不知者道又在也而天下始以道病聖人故曰以聖人而有遺（真能說出道之來）
知者可以見道之大也

聖人有所不知非聖人不欲知實爲聖人於天下道理原有知
不盡處要之不知亦無損于聖人也如此看則既不說壞聖人
分量而道之實處愈見此文崇實發揮實處既醒虛字不用鈎
剔己自透露此爲大家真力量文字　李惠畤

禮後乎

賢者因繪而悟禮、得乎後之旨矣、蓋禮之彰其文猶繪之着其采也、子夏悟其爲後、亦因後素而得其旨耳、且春秋之世、群習于儀文度數之爲、其誰不以禮爲潤色乾坤、開風氣先哉、抑知往來酬酢之餘、雖必有文之外着、而晉接周旋之雅、尤宜有意之中存、此其故可因端而起悟矣、商今者聞繪事後素之語、而知天下事之在所後者不獨一繪也、構藻采于鮮妍、既緣粉素以爲運一静接焉、覺文之從乎質者正復不少矣、則觀此藻不妄抒、忽遊心于軌物采章之事、集丹砂以互用、既因質素以爲憑、一類推焉、覺華之

繼乎樸者亦自甚繁矣則撫此色非遷潤遂馳情于威儀進反之
文彼世之所謂禮者殆亦在後乎平時共趨夫踵事增華之風直
媲美於朱緑元黃之交錯而陳每爲之心焉往之以爲禮固斯世
之無以加耳而非無以加也蓋事以參觀而乃見繪如是禮亦如
是試思修睦之儀豈徒幣帛祭祀之典豈獨俎豆意必有存乎其
先者而此特爲後起之數歟居恒同循夫繁文縟節之爲欲爭耀
于黑黃蒼赤之相雜而成輒爲之欣然艷之以爲禮又人生之所
莫尚耳而非莫以尚也蓋物以比擬而可通繪有然禮何獨不然
試思好會之文豈徒酒醴燕賓之典寧獨筐篚諒必有蘊乎其初

有而此僅爲後來之端歟人情於不自覺之事而一時之指示可援以起例是禮也向亦幾習焉而弗察耳今乃知聲明文物苟無以主之何其繪心繪意而各肖則不必深論叔季之文章下若黃虞之黼黻而惟即禮以思恍與繪事等量而齊觀人情於不及持之事而當前之提撕可借以發凡是禮也向亦第用之而不知耳今乃知法度典章非有以宰之曷爲繪聲繪色而有餘則無容概論當年之鏤簋遠遜先代之汙樽而惟即禮以想實與繪事異途而同軌推此意也信乎天下事何莫非後者哉

神情逼肖

結應講下

精采中神氣宛然可謂心細力大

第三十九册　卷一一九

彌子之妻與子路之妻　呂葆中

彌子之妻與子路之妻

呂葆中

賢佞之不可合也。妻則與之矣。夫彌子之於子路。不與者也。然則孰與之。亦其妻之自爲與焉耳。且夫人相合之故。豈偶然哉。彼賢也。此賢也。因是而合。則人勿之疑焉。曰賢與賢也。彼貴也。此貴也。因是而合。則人勿之疑焉。曰貴與貴也。彼賢也。此非賢也。此貴也。彼非貴也。不因是而合。則亦勿之疑焉。曰。不。係乎其賢與貴也。如適衛者孔子。與孔子爲徒者子路也。君衛者靈公。與靈公爲徒者子路也。孔子之於靈公不可與也。則彌子之於子路亦不可與也。彌子在則子路去。子路在彌子亦去。彼兩人者未嘗共席語。然而子路曰。吾不幸而有妻彌子亦曰吾不幸而有妻彌子之與子路若因乎彌子之妻與子路之妻也彌子之妻與子路之妻若不因乎彌子與子路也雖然有慮焉爲彌子也妻則亦彌子而已矣爲子路也妻則亦子路而已矣爲彌子爲子路尚可爲也爲彌子而即爲子路而即爲靈公爲子路而即爲孔子不可爲也彌子之妻謂子路之妻曰我適彌氏爾適仲氏生毋相見死毋相哭矣雖然彌子子路非生而有妻者也彌子子路之妻亦非生而即爲彌子子路者也彌子之妻未與彌子先與子路之妻子路之妻未與子路亦先與彌子路之妻故彌子或不知子路而其妻則知之子路或不知彌子而其妻則知之彌子不知子路何知子路之妻

而其妻固熟知之子路不知彌子何知彌子之妻而其妻固熟知之
彌子之妻與子路之妻曰我為彌家婦爾為仲氏妻生尚相見死尚
神乎公穀矣
相哭矣然而彌子之妻富也且貴也子路之妻貧也且賤也貧賤者
與字妙
不可自近富貴者不可相忘故以彌子之妻與之也曰兄弟也
筆着墨奇甚
說兩妻卻為彌子、路說彌子一路卻為衛靈孔子妙寓中實也
雖主甚遠犯主即觸文偏以犯為難有珠簾映面之故
原評
摹公穀至此乃為得其神得其骨但套幾個何言乎曷為奈何前
妙後此有乎作誤爾等句乎子曰我用公穀也想如下公穀奴出
來哭不如是何

第三十九册　卷一一九

舊穀既沒　夫稻　　秦學洙

即穀有新舊之殊而食稻宜思之矣夫舊穀沒矣孝子忍食新乎食
新矣遽食稻乎誰謂火改而食亦可改也嘗聞之禮人子養親穀麥
稻黍惟其所欲嘗而後退孝子之行也若夫豳詩所載不能藝稻粱
且有父母何嘗之戚焉況親沒之後食新而人舊痛何如矣豈甚撫
黍稷之馨而遽動孫順之慕乎宰我亦知有三年之不爲禮矣三年
不爲樂矣亦知孝子之心不啻三年之不爲食者念三日不食以後
饑而啜粥矣饑而疏食矣一溢之米猶然一溢之米也而親弗食也
一溢之米不啻一溢之稻也而親弗食也無已則奉粢盛以告之吾

親之食此稻者猶夫舊也無已則撫桮棬而悲曰吾親之食於西者曰澤如新也而不忍寧我于此獨見夫期之可已〻無舊穀之沒則色有棄舊之思焉觀新穀之升則已有懷新之感焉微獨穀也即釋之叟〻烝之浮〻穀食以資之火而鑽燧改火莫非舍舊圖新之象焉信斯言也粳鬱之餘命諸執爨舂揄之下付彼燧司將所謂饘粥之禮不可已乎將小祥始食菜菓之制不可已乎浸假而稌黍稷梁極備物之娛而孰是其可已乎浸假而滫瀡煎醯加于陸稻即益火食之具而孰是其可已乎則其有如〻〻食稻乎使稻而未舊寧我固不食也乎則曰舊穀而既沒其食之與使稻而非新寧我固不食也

舊穀既沒 夫稻　秦學洙

國不可以大行其道乎彼宋衛陳蔡尚歷聘而弗遑矣而況于宗

一公皆是透奚字一層

周慮新

邦意者轍環之餘不必更出而圖君之彼沮溺丈人猶欲引以共濟

矣而何恤乎一身夫能為者其也可為者時也況非可屈而難伸胡

為宜出而偏藏也于奚不為政

到底直出全題

于必為政于為政作無數襯托歸到題面層層洗發妙義環生直

使奚字活現毫端　原評

層次變換章法悉從先正而筆墨生新思路機不由人

闕黨童子將命　一章

林兆鯤

進童子以將命，異其求益而底於成焉也。夫童子之不求益以速成之、欲中之、而居位並行、即因之而見、將命一使、夫子第進之、觀禮已耳。嘗謂蒙養端賴乎聖功，而幼儀莫先於習禮；也者所以涵養其德性之良，深造焉而漸底於成者也。自夫人凌躐之見錮於中，而輕儇之氣流於外，則栽培之故已寓微權，而嘗觀者反或驚疑於其外，斯不得不以化導之初衷，按其人而顯為自汜之說也。吾於闕黨童子見之，今夫先王之教人也，端其節則於不佻，而德成與藝成，每分途而立，循其序於不紊，而大成與小成，亦次第而推於厥指歸若欲萃宇內之秀良悉濡躬於和順雍容之雅而審所肇始爰於統黨序之子弟咸戢志於父兄師保之嚴是將命一後夫子特進居位並行之童子與之觀禮以化其速成之已矣何或人以益者疑耶且夫童子之不求益亦非無所成而使將命者也言語之科政事之選同堂不少奇英而我有嘉賓偏以總角效甸宣之職童子豈曰獨賢乎夫童子必至是而始恍然悟矣宮牆數仞之內禮樂文章進止皆有常據回憶向日容遂之面目雖未經亦責而自覺包羞說也發蒙之占不筮茂蘭之刺方興追韶華逝而德業不加轉悔前此之漠不經心耳所傷者豈獨學問之

難成乎德行為本文藝為末弟子亦尚㤗修能而慎爾辭令竟以趨承畢養正之功後生其猶可畏乎夫童子必至是而始爽然失矣升降俯仰之際唯喏趨隅威儀不敢僭差焉顧平時觿韘之意態亦消歸何有而非復故吾幸也宗廟黼黻之美百官冠裳之富追贊襄時而禮事分榮更覺當年之念不到此耳所閱者豈獨肆業之有成耶吾於是知將命一後其禀之於居而率履不越謹之於行而式禮莫愆也先生長者之前何務出衆之才能而性天浮薄罔顧踰閑此可念吾黨見乎故外與以奉命之役而內實奪其驕蹇之失斯一時之奉命承教比諸提命而倍致謙恭也童子當

知觀感矣吾於是知求益之方其流露於外者可虞其隱蓄於中者更可慮自其位而不欲自卑見其行而不欲自後耳予矜佻達之風豈無心傷於學校而意氣矜張流為犯躐此尚有受教地乎故置其身於卑幼之文實束其身於官嚴之地倘誤以為優異所加恐矜薄者又因而長其傲矣夫子寧勿明辨與此則夫子之曲成童子者也

謨蓋都居咸我績 至 二嫂使治朕棲

傲弟自矜其績欲以事親而利已也夫象之所欲舜之所有也矜謨蓋之績而父母與已皆有利焉何所賴之奢乎嘗謂情之所不能已者兄弟之間而或有忿以相戕者則利心有以中之也不觀象之言乎蓋以都君之升聞于帝也二女釐降矣牛羊倉廩胥備矣時而撫干比戈時而揮絃挾矢非惟朕無與焉即父母亦豈有賴乎今幸矣都君蓋矣蓋之者何有謨之者也謨之者誰我也雖完廩浚井父母實能使之往而運籌決策朕且居其功之全雖然朕將何以處父母竊念父母垂老之年非肉不飽蓋藏已虛則牛羊倉廩我父母實圖

大適中

大道中

利為雖然朕將何以自處竊念草野之人技事非所素嫻室家有所
不足則干戈琴弤二嫂朕將樂而有之是非朕之私乎父母也都君
既荷齋慄之將朕豈独無倫物之奉寧以謨蓋之餘而遂忘吾親乎
亦非朕之薄乎都君也都君既可取之于帝朕亦可取之都君而況
謨蓋之績寔惟朕之力乎于是朕將為父母柷曰牛羊下括百室盈
止其樂也融融父母又將為朕慶曰乃武乃文宜爾家室其樂也洩
洩朕計決矣嗟乎象獨何心而有此虛願哉

不必多讓而意旨已悉

顏淵曰請　一節

與賢敵者言克復之目宜直任之而無難焉夫顏子賢敵者也於視聽言動克其己豈有難于任乎所為直請以從事耳昔顏淵問仁夫子語以克復既判然于理欲之必務復語以由己又曉然于功力之在我斯不亦可直請為從事而無難乎雖然為仁者功固期于實踐而目必考其精詳不問其目而漫焉請事則已何由克己何由復為仁亦苦無其地故夫子曰視聽言動之非禮所謂人心之惟危者在斯語矣豈有其目而弗為請事則已有由克禮有由復為仁矣

得所從入耳以夫子曰勿視听言動所謂道心之惟微者在斯語矣斯語也非至明者不能察其幾因雖不敢以明敏自居而從事于視則視遠惟明從事于听則听德惟聰從事于言與動則言皆有物而動皆有格沉潛默識之中擇之必精斷不使一端之非礼得有所緣而入而害其天矣斯語也非至健者不能致其決因雖不敢以敏健自信而從事于勿視則視無邪色從事于勿听則听無淫聲從事于勿言勿動則言不過辭而動不過則拳拳服膺之下持之必嚴斷不使一念之非礼得有所引而出而搖其心體此所以三月不違之

徒迥異于日月之至而心齋坐忘之後悉屏除嗜欲之來臨意仁之難
成久矣。顏氏子其庶幾乎。

○○○顏淵問爲邦　一章　徐學乾

聖人與大賢論政而治統于是備矣夫極盛治之隆而必有所謹者此邦由以固也聖賢治天下之略豈外是乎嘗論帝王之書政事備焉欲有爲于天下者非得其一而遂足爲理也立綱陳紀于大定之餘而孳孳保治之意猶悉勑而因戢焉所以根本固而大統攸屬耳顏子在聖門其用行之略者也而問爲邦豈非欲以得其全哉子以爲治之大者在天人之際損益之存質文功德之數理欲清濁之原陰騐于古今之所宜而顯持于道法之所寄如是爲己治其大乎須朔則夏時爲善三統各有其義而著物生之

始由黃鍾而達之至是乃盛焉布德和令以順人事皆此出也治莫大于同軌則殷輅為善五輅各有其制而崇渾樸之質辨等威而出之惟是為能久焉厚德應地簡而可大也治莫重于章服則周冕為善采旒爵弁古有其則而昭南面之崇于郊廟而用之惟是為有章焉元德象天尊而彌光也若乃操三重之務適制禮尤欲審音稽三代以立隆宗王必欲祖帝有聖人之樂而後有聖人之舞則韶舞尚矣王者德既如舜而已如虞被諸管絃形諸綴兆表揚絶業風諭衆庶可謂和樂者乎蓋治法于是始詳也然始未嘗不祇肅而後稍凌夷者有之矣自古賢聖之君必從而謹之戒彼

新聲。防茲匪僻。列國之歌非一。而鄭爲甚。近習之蔽非一。而佞尤深。宮商奸律而擻僻之志荒。惟其淫也。邪佞當前而中正之途塞。惟其殆也。人主謹嗜慾絕聲色而典章文物之盛由此益開。親君子遠小人而質文制作之宜自此益備。蓋明禮定樂每代不同而節性防淫百王不易通乎古今之宜而要以道法之守此治天下之大略也。

即此等節轉入奇又他提素養操法

文氣王陽發天芒寒正色向法暗清篇法無一不經洗鍊革見

舉東漢諸賢爲。只推正統名句又且盟應常宜甚精要

只宜長者收即可剪裁成四句文章 何兆[illegible]

顏淵問爲邦　樂則韶舞　歸有光

聖人告大賢之問、亦以禮樂治天下而已。夫虞夏商周。天下之盛王也。其爲禮樂可知矣。聖人之所以治天下。天下宜其有取於此歟。昔顏子問爲邦、而夫子告之以爲、天下之治。皆本於一人之心。苟非建中和之極。則法。制。之。所。驅。率者。亦末也。惟四代之禮樂可稽已。（是对顏子語。）是故治歷明時。聖人所以奉若天也。自三王迭興。而三統循焉。殷之建丑。月窮而星回。制非不善也。周之建子。剝盡而復。返義非不精也。（精語不在多）孰與夫人紀之建。所以終天地之功。吾得夏時焉。以坐明堂（何等氣象）以班。正。朔。無。非。後。天。而。奉。天。蓋。巍巍乎。神。禹。文。命。之。敷。矣。至於文

句意法古

質異尚三王之道若循環然高質尚矣而吾不純用夫質也用其

舉一例餘可得言外意

質之中者而輅其在所乘乎蓋以渾堅之體而無雕幾之失視金輅之重玉輅之靡為大道焉於以見王者之法駕以備巡狩而事臨幸蓋渾渾乎成湯之建極也周之郁文矣而吾不純用夫文也用其文之中者而冕其在所服乎蓋以玉藻之度而稱龍卷之儀視夏后氏之收殷人之冔為不及焉於以見王者之法服以事天

側筆取前字

地而享鬼神煌煌乎文武成康極文之世也至於樂者中聲之所上陶冶人心于太和者也則虞舜為不可及已九韶之舞吾其象之大樂與天地同和而聲容一彷於虞廷之盛真若有以揖讓於

羣后之開而親見夫百獸之舞是又軼三代而進之矣是知奉天而倫商周之法物端冕而聽有虞氏之遺音內實根於精神心術之微而外有以兼夫禮樂法度之倫夫子所以紹百王而垂萬世之法者實在於此非顏子其孰得而聞之

有天德然後可語王道

黃帝堯舜垂衣裳而天下治蓋取諸乾坤非此文不足以與此題稱儲大在陸云平淮西碑文後得此與日月爭光。典貴極矣讀之但覺元氣渾淪迥非後來名作所及

顏淵閔子騫冉伯牛仲弓　李梅友

備舉四賢見德行之獨多焉夫求人于德行之科未易多覯也若顏閔冉氏四賢者不見其獨多乎今夫天之生大賢不數聖之得大賢亦不數況其在流離患難之秋哉乃陳蔡德行之科何其德優者人倍盛也天資與學力並純卓然成德之品無其人惜吾道之孤有其人甚幸吾道之傳也立德與制行俱粹藹然大雅之林得一二人不為少得三四人彌足多也其人為誰則顏淵閔子騫冉伯牛仲弓者是非明且健不足以語德行顏淵至明而至健者也其聞一知十者具上智之姿其有進無止者具不惰之力已觀夫

三月不違其心德之純為何如者而行能表、矣惟孝與友始足以言德行閔子騫能孝而能友者也其孝思不匱者盡常變之情其天顯克念者協友恭之誼觀夫人言無間其孝行之孚為何如者而順德彰、矣冉伯牛者顏閔之亞也與顏子同其體仁亦與顏子同其不壽知氣數之無如何與閔子偕遊于東山竟與師友永訣于北牖非人事之有所失所謂人亡而名存矣仲弓者伯牛之族也有人君之度而寬洪簡重大德于以懋昭能幹父之蠱而山川不舍明德自足惟馨居然難兄難弟也矣之四賢者皆德行之選也皆陳蔡相從也陳蔡相從不僅德行一科顏閔四人實居

諸科之上其人為陳蔡相從最上之人其數為聖門四科最多之
數及門多賢尤多大賢也自德行而下降殺以兩要皆係竺心者
矣。

相題有識、運法有筆、切實發揮、絕無一間襍璅語、竟體具見老
成、經純詩妥、自是雋材、原評趙大宗師
意簡而該、筆老而辣、饒有名家萬蒦曹芝江師

繪事後素曰禮後乎

以後素解而繪之，此世必有悟于禮焉。夫繪後於素，有為之而無異矣，乃未嘗而之論禮也。子夏乃悟至于禮之後乎？今將謂儀不求其辭，則不能於文質而求其情之理，然必於性承而審其要，故乃[illegible]首章而伸其說之，解其原，善解之，則而觀其詩之意義，以可徵之。夫乃禮之之後，其後於周[illegible]而之之先也，止子夏於素以為絢之禮，秀未知為之於之後，可知也。其先，知而白受采，禮之立之先，於素[illegible]絢何可說而同，子為其異乎，而重事繪筆之飾，次其後，必本之先而成行禮，辭之美[illegible]絢未可滌，而子夏岐而二之，而絢首在粟之功，豈容滌素，則必以後素設為絢之終而已。其文之之有待于禮，於大抵謂其後焉，其無必德在之世，木含而草衣，其時風會而禮，尚未[illegible]其著東周是而被山產，夫之宗則，是而諸錦繡，寫組之盛，物以其觀，不居既素先，不分後郁[illegible]子必緣先以加飾，則素而質而繪為之設飾，而言至于白受采，然而人工為巧，不以本初素之本[illegible]周之之君工巧，浮華而上，故其時德尚浮靡也，惟禮有為于後之質，惟之而明天敘天秩之經，文運之而達人倫。禮之之後，物殊文變，文章備繪，以於素而先此，必以後為進，後亦極有素，不以加繪，成化宗命之[illegible]郁郁周章之，以後而忠信有質，始可以昭至之制作之文，遂不至于質勝之，而禮後乎有明之之功矣[illegible]

以引其端。則陛楼未由。乃自階以嘉之從。而念先王之制禮也。原以命之。猶以紀之文物以新之。看是安
其亦若是也。夫然、、而後知、、其于三百三十餘。人情之。瀆之誠。之如。其可餼魏焉。而知其踐其所由來和
惟有至誠而的昭矣。以聞其揖則索解禮義。一餼欽以嘉之訓。中念觀之之行禮。玉帛珠之煌生的之。
後拜稽首。而若是乎其不已也。寧、、然屬于彼、、其羊愛。多愛。以儀維之、、于揖讓之間。後世之會者爲
祀其然者。寿云、、之而於魯。、然即、、素、、而行也。子、、特以解、、子貢之餼。之不禮之餘。而、、異于餘之後者
、、、、
已到通子之言。趙予一嘆。許其可與言詩。言深非。

繪事後素曰禮後乎

一等　周文明

聖人明後素之義，賢者通其說於禮焉。夫物之必先有素地，猶人之必先有忠信也。明繪事之在後，宜乎有悟于禮耳。今夫事物之理也，功不容以紊施，而學問之無窮也。機必有其從悟。不明其故則以後之混淆於此，既無由參辨於彼，安得通夫乃嘆一堂辨論，惟聖人能明其義，惟賢者能輯拒之機也。素絢之間，子夏殆有疑于即素而絢淆然莫辨，皆執此而施諸繪画之間，又安知其孰先乎孰後乎。爾子夏深于禮者也，禮無本不立，無文不行，天下豈有本質未立而遽加以文飾者哉。子故迎其機而導之曰予亦知夫繪事乎凡物莫不有其華繪者華之極也然有是華必有彼乎是華者以素立其基而後補綴文章隨在昭其光艷凡物莫不有其文繪者文之著也然有是文必有主乎是文者以素植其本而後宗彝藻火隨處著其彰施記曰繪而之後素功于之以是告子夏者專言素論乎抑不素絢論乎其專爲素絢論者白賁之象見采物之輝煌而文可受和白可受采素衣朱襮古人將審乎施受之宜而秩然有序精華之發越正不能先粉地而獨著其功其不專爲素絢諸論者物理之微即可驗身心之經緯而外之焉

樂實內之爲尊釋回增美古人務揆乎秩序之原而群然不紊經曲之分明尤不得舍中藏而專襲其貌此子夏問之不禁恍然有悟矣爰向夫子而質之曰禮後乎禮之原在大凡尊卑之有其說

敘之有其位莫不燦然以俱呈而要有立於先者則三百三千之數繁重皆其所後圖者也恭敬其本於乎起以玉帛冠裳遂謂禮儀之節度禮之用至廣大而必皆要祭而日用飲食莫不貽然而並偕而要有托乎其始者則儀文度數之末節皆其所暫置者也忠信其可學乎寧徒以周旋進退遂謂禮數之克嫻禮後之言不與後素之旨相發明哉蓋在夫子

特以後之一言。解學人胸中之疑。而釋經無需夫博引。而在于真
那以後之一言。通先生言外之意。而觸類無復有滯機。此真善
學者也。宜于深與之耳。
按部就班融洽分明　原評

繪事後素

丙辰　金德鍈

繪後素而有事可以得素絢之旨矣夫素可旋以繪而繪必後於素其
非即素以爲繪也明矣觀於繪事何疑於素絢之說乎嘗子夏曰天下
有爲則皆事也有事則皆後也夫事有其爲之之基即有其爲之之序
故以一手兼兩美之長而天人交待見於一手具獨完之質而萬理通
象美觀一藝能之肖物而亦若有莫爲之先即莫爲之後者子疑素絢
之說吾與爾子别素於繪以濟其有爲無爲之辨以先衡絢於素以濟
其孰先孰後之分乎聽清淵之聲鐘於人爲彭靈鐘於物而純懿自奮
無然猶然質素所在何必其人如玉爲完素矣宇宙文明之象取諸

身為文繡取諸物象彩旋觀象古人猶是榮施當躬亦何必象服是宜為絢燦矣列盡觀繪事之於素繪兼乎五采素統乎一色素似讓文於繪也然外觀未炫而內美已具靜與動緣而常寓於事先素亦於爲繪彩於有乎繪固增美於素也然素有繪而可以而私爲繪而可以獨全文緣質附者常鍾事於後凡物之形不甚炫於工而天工乃人工之未彼以五色之陸離肖而滿之景物人工幾奪天工之巧矣乃妙益乎素之新機亦斷增乎素之紋我其事右借乎草而草無紀固也蓋能以有光有耀者而素爭勝於之衡不能以爲始無終者而素竊未之序是素固造端於下定而繪乃既善於人備也已凡物之華不

者貴於天知而至如乃人文之質彼以五采之繽紛窮形象之形似人
知且淺下文之叙矣乃外飾于素以飾美即內剝其素以修文其事若
靱和劍而倒亦為繼也蓋於以相得益彰者為素酌文質之宜不能以
者先為用者而素並胚基之謨是素固善始於至授而繪乃善終於人
加也已事有旋受計其可旋先量其能受者哉之責以不邀砍財於
人間而鏤華丹粉後之而學不受也於省質當形不遂求潤色之說施
而先求受采之純白事有体用神其妙用先完其本体文皎之姿以
不溷騰騰於人也而黑黃赤係之而不可遺也故樹研者態不遽期
用物之宏麗而先期於係之取精就繪而規繢紛繡飾反且摛大素之

真而愚於理氣之累目哉止知有繪而不知有素就素而言形神渾穆已先立為作繪之基而山龍藻火之迭加不能離乎素而還虛以為繪繪後而絢之後可知矣天下事之有為者何一非後者哉

筆飛肖處搖于圖巧奪天工文之工於體物仍復兼性情精思妙緒紬繹不窮祇為常點睛家新綠得徹　唐瑞士

願學焉宗廟之事

華宗師歲進着回學一名　鍾毓秀

賢其以願學自居而思及乎宗廟之事焉、夫曰願學、豈固不敢自居乎能也、若夫事在其所、亦有志、又討及
乎且言君子入學教儀、敬弟誦事於陶情淑性、則儒術迂疏、亦安知明有禮樂、幽有鬼神乎
乃存講求有素、而本制作之機、以成人治之大、則從容揖讓非在於朝、未嘗意計及之、亦遂求
言禮樂、後君子亦豈敢以為緩、當先王創制、昭宗廟以示天下、以尊明禮、物由是五、有司五官有司而秩
序之原、尊祖敬宗之意、則考儀文於宗伯、有學習其服務之功、古者天重典禮、治本天下以歡
咏太平、由是將見有奏律、有奏而太和之象、要皆雍容肅廟之恍、則所當務於大學、正已堪
之大是禮樂之事、亦必為之願學焉、學非徒求其事也、亦有以明其意矣、禮以治躬、樂以治心、惟講習而
思為參贊、則同學時、時習之、特嫌不足、況於大雅、學非止求其末也、亦有以得其本、夫禮以成、而樂蓋而
友惟引為己任、而切其究圖、則身承明命之下、庶有以相繼其休明、以云願學、其所志不自在、獨是嫡

顧和述業有樂乎古初之盛治而享祀不忒必深懍乎大典之攸關盖使先王禘儀之式嘗和節以往
情性則蚤禮樂修明畢之美備豈僉及乎孔惠孔時聿昭執事有恪之忱然乎居堂論議欲觀明備
以昭天地則凡及於出王及於時術無不為載之成將我享渫承處事以薦之日亦用是有懷于宗
廟之事其於小宗與乎為大宗與宗之名雖異而宗之事則同故當其孔以孝慈歟以慈慕而儀見禮
闕複廟寢之下尤深惻乎其事也廣之見先禮之皇考為王考廟歟其為皇考廟歟廟之
制攸殊而廟之事適類故當其神周時然神周時惕而霜露秋霜太廟世室之中尤無忘其事
也乃有為孝孫之有慶是宗廟之事非因獻嘗而討[illegible]惟思服習于其際
而假廟有以尤深致意于其間合之會同有事非亦之所見志也乎

鏗爾

晉江縣學第二名 何有懷

聆瑟音於既希，莫能名言之致也。夫鏗者瑟之一流韻也，而爾意無盡者，瑟亦與為無盡。第可於既希而摹一鏗爾焉已矣。昔夫子誇諸賢言志，維時點方鼓瑟，神已飄然已造閒而反，而瑟適希，白雲從風韻。心飄合於何往也。幾欲歌矣，仍若餘之領會之下，殆難為寫照矣。夫瑟亦器耳，而自有悠揚以達乎器於操縱之餘，猶遺一悠揚之意也。希宜絕矣，而自有依徊以續乎絕者，摶謝之後，宛留一依徊之神也。為叔季者哉。

皇人每入虛而冥點之，俯仰其間，任其境為去來，故風雩即於瑟而栩栩存，存則無意而不得亦無韻。是焉瑟不是焉瑟消息耐

香

而不流矣。爲功名為道德，人恒爲托而滿點也，置身其際，隨其時為轉於故神味，即於瑟而油油露。

々則無意而不滿亦無韻，而不長矣。將以爲良拍也，而非載々而餘音嫋嫋，幾難以肖其為。將以爲終闋也，而非終闋，遺韻悠悠，并難以舉其似。凡人寫心之趣，俄而高山，俄而流水，一往無餘矣，何如也。一音既歇猶

建○論○上○之○播○始○終○成○情○

繞高山流水之趣知音領受者詎能名言乎抑人感觸之時終而操縵終而安絃一發揮矣何妙也彼音

已邈猶傳操縵安絃之趣賴傾聽者曷能語八十惟有情與十矣可聆而不可傳抑與俱矣可會而不

異○人○在○島○呼○之○歎○善

可過乍而觸之未希聊而已希也絲桐雖在而意恍不不相關然務而察之非鼓也而如鼓喬朱絃

一○鳥○飛○去○

而輟而情猶若相觸第可於流連不盡之致奉而擬之曰雲霞

解題都在若離若即間水流心不競雲在意俱遲風篁中乃有此從容氣象是為神來

鏗爾

黃越

音流於鼓瑟之餘人遠音亦遠矣夫惟人遠而音之餘者乃得以求其趣而待之音之鏗爾與人之不舍爾也且夫好音之過耳者不乏也獨以人意不閒則且無以領取于方盛之頃況其爲欲去而仍流者人之不待也而其音亦遂不着靜也則獨之深則失之獨一音也乎哉乃吾點之鼓瑟而既希矣非有急然以急舒然以和者繁會于一彈鼓之際而前尚有餘音嫋嫋不絕如縷者流動于琴書几席之間于斯時也其音可鏗爾也在點也意思安閒絃雖去于其指而神亦亂氣復深穩手縱離乎絃而韻尚留悠然獨覓不聲之聲繚繞于非

緜非桐而前此之洋洋盈盈者至此猶傳逸響默然自覓所振之振縈廻于疑宮疑商而後此之凝凝無聞者當此鐃有餘激而疑其音之徵而未嘗徵也彼惟不雜以人声故其音常若不可遏漸恐其音之細而何嘗細也彼惟不貫其志氣故此音猶復聽以心意之餘音其歟人之不卒爾也

小講後輕籠面題二比入題以下刻劃描摹鏗爾二字咬破汁漿精神陡健自有此題未見此文令我拍案叫絕

鏗爾

歲入晉江縣學第十一名　薛華魁

瑟有餘韻，狂士之神閒矣。夫鏗爾者，瑟之餘韻也。然非點之神閒，獨何自生哉。且凡音之作，由人心生也。然或中懷所觸，不得其平則鳴，則其矣諸音者者亦何能有悠揚不盡之致，令人聞其音而嘆其氣象之從容也。有如點承子問，鼓瑟方希，淺人於此亟欲觀其志矣。不知志未可觀，而瑟為可聞也。君子於此亦樂聆其言與不知未言處聆而瑟猶可徐察也。未希乎，則已希也。瑟雖在抱而手不與瑟謀矣。已希乎，仍似未希也。瑟猶在抱而瑟其與神謀矣。正當有懷欲吐之時，豈必於瑟？故作流連之致，而瑟之音則猶依依其在耳也。既承亟嚴師質問之殷，何暇於瑟？猶作揮送之情，而瑟之韻則正嫋嫋而未絕也。細而聆之，蓋鏗爾也。惟中情暢舒，則矣諸音者亦黯然而寡韻。點也心自曠也，無所期于瑟而瑟若增其致，其悠然不息之機，亦可相喻于絃中者矣。人惟壯

志難酬則其發諸音者亦從然而不悠然也神旬閒也有所將于瑟而瑟彌泳其趣其洒然
淡遠之情直可搁尋于絃外者矣方鼓之姑其既和且〻冶渾在諸譬談吐之中故衆莫之辨
既希之後其不絕如縷者適在一堂靜寂之際故衆所共聞韻將盡而仍留音將止而又響纏綿絲
引抑何其氣之不迫聲之不驟也君子曰吾聽于鏗爾之音已有以微窺點志已
風月無邊庭艸交翠此中有真意欲辨已忘言

麒麟之於走　一句

丙子江南　郭廷采

知至者昔見於物矣於是乎奉也夫鳥獸中有麟鳳固以凡物之品彙而儕也然而麟不能不走鳳不能不飛不寧惟是夫並奉者乎聞之毛蟲之屬三百六十羽蟲之屬三百六十皆有所以長之者矣天下生其一使以為領袖而長文明之瑞麟與其自立其屬並生而稟氣化之機有俗其類有以俗則謂物統物以其之職其居為以為物極物而物之貴其亦居為天下之長者物其固不能不要物於物以迺豈惟是哉其足以統舍固總之據以德氣發而為人即以德氣散而為物勝生卵育品彙並偏中山原而談縣有皆經為滿而甚指天行不息覆生之德大造陶鎔奇之秘人得之而為偉人亦物得之而為尤物秀於鍾靈精英並庖為擇土而游遍覽輝而下飛出而且羣指而為蟲德之類今夫走以外騎走而走獸飛鳥居其平居獸中猶不儕之而麒麟鳳凰為最靈則試為抉而觀之是為統而御之一謂之於兩端爲麟若之義不出此不麟以推或舉或友其為走獸不知凡幾也鳳凰以推載朝載翔其為飛鳥不知凡幾也乃麒麟出而穴其不成鳳凰出而樓其不禱其中若懸無紀之時礼而特表非常司之妥俾得以襄其居首而麟

麟鳳凰而不析之於走獸飛鳥之外而始見爲異也物不极其量分則厭厚之者不必麒麟即以仁獸名豈其在
囊社卵而殊於之曰不脛而走鳳凰即以靈鳥著豈其擅於食竹而歸於鳥曰不習而飛乃麒麟並而出王
者之治鳳凰並而兆人之瑞眞之中特趾爲見之不鮮而僅值於百年之世之久俾得以爭睹爲快而麒
之請鳳凰固不以統之於走獸飛鳥之中而減其色也天地生物之力寧反嗇於生一物則何不使走飛
皆之以麟爲之首之凡而杜氏貴陵夷之漸何以與狐文豹並歸和振鷺阻鵠不能凡鳥遊兮獸中
之麟鳥中之鳳特賢其良以首雄天地愛異物之心讓冗濫形爲其物則何不使麒麟獨擅其走鳳凰
特擅其飛以領之夫幾所貴之防何以古行地之無疆騁能騁夫千里之傳堂天下往翩翩亦上平廣霄遊使
非以之走非鳳之冠其於其能以相抗呼麟之昭之不離走獸鳳之翔之不離飛鳥天下物呈同類而殊
能此皆之作也麟鳳凰觀也
立宗王一刊之人安民

譬之宮墻賜 之富

楊鼎卿墨

賢者以宮墻為擬議而聖賢之相去較然矣夫聖賢之相去遠也譬之宮墻而賢者豈易幾聖哉賜若曰子叔孫之忽有所抑揚也子叔孫亦何見耶即有所見然見者特賜也盖未見夫子若賜庶幾或稍有見于夫子矣而亦難言之又恐子叔孫之未能領也不獲已其譬之宮墻乎

分析宮墻題句都已牢籠

宮以墻為蔽墻與宮相準故宮陋者墻亦卑而宮深者墻亦峻人之見與不見所由起乎若賜之墻而或者其至于數仞焉則不入其門者安得索賜于耳目之前賜惟不能然此賜之不得爲美且富也然而室家之好人皆俯而窺之已一覽而無餘又安能為及肩者諱哉獨怪夫抱拘墟之見者乏曠遠之識也令夫人平居里巷相逐闤闠爲居或偶覩

夫一物之奇一材之異遂驚為希世之大觀謂可等諸彝器而策名天
一入未子使填寫一字不得
府矣彼又烏知夫先王之廟集萬國之共球人主之庭聚四海之賢俊
武叔所不見句偏從所見者言之此處妙在離合變化
哉令試與子叔孫觀魯廟之中而見乎大夏大武合數代之禮樂寶玉
大弓為先君之世守此為何如之燦陳又試與子聽魯廷之上而見乎
東山泗水之彥濟濟闕廷詩書禮樂之英雍雍政府此又何如之肅穆
向非子叔孫以世冑公族早登仕路豈能從容廊廟快覩其盛哉夫子
之高深何以異此乃徒為數仞之墻陽限其所見竟不量己之不足以
知聖反以不知己之言謬相稱許也是何異畧宗廟之堂皇忘百官之
會集而欲以室家之好誇彼美富耶噫亦惟有循墻而却走耳烏能親
入其門而見所未見乎哉

鋪陳美富即賦六合也然空衍見不見兩言有何與會從側面傳彩
巧于出新

譬之宮墻 數仞

葛李院歲考取
進仙遊縣李程日新

即易明者以喻、巳難比于聖之高、焉夫宮墻至易明也賜援以爲喻、寧得以巳之卑者比于聖之高耶嘗思事不旁引而通幾昧當躬之淺小理非借觀而得未識至聖之崇高故當虛譽之隆而比倒以觀詎容以諸之卑者而得與高者睨視耶彼以賜賢於仲尼揣其意殆以尺寸量仲尼而謂賜賢於聖耶輿府其未闢矣卑邇之基而擬夫峻絶在子耳聆之固難安於緘默宅其未廣矣以淺近之模而比於絶詣即賜身受之奚敢以之自多試其譬諸宮墻乎墻如者宮而容膝者亦宮宮不容以視則爲之擬議于其所正足考當前之分重卑近者牆而高峻者亦牆〻自有其不同則為之較量于其際自可覘吾人之詣力賜蓋未擬夫子之牆先即賜之牆觀之非不欲曾累日上而峻其雕牆令人遡若而望也特以所賜造如賜即欲耀其長而究已暴其短此有以臨之難掩人之耳目非不知垣墉日勤而苟其閑閱使人仰止而思也第以所及至此賜即欲炫其華而究莫掩其陋並有而立徒以見室中無長物賜以宮牆為譬是賜之牆未敢擬夫子之牆而夫子之牆寧得作及肩想乎巍〻在望覺賜所未幾者夫子早已幾焉不必問其經營何日築成何日而氣象已自莫京高〻在上而賜

所欲至者夫子原已至焉無俟考其日積矣若月累矣若而體勢
已知莫並是則夫子之墻不几及于数仞乎揔之造詣之不一恒
參証而愈明則以賜之墻之卑詢見其室之淺寧得擬夫高不可
攀而力量之各殊每借喻而不爽則夫子之墻之峻無非其詣之
高詣同夫淺而易窺觀夫宗廟之美百官之富不入其門則不見
豈得謂室家之窺見者可與同日語耶

。。譬之宮牆　　馮暠

墻以衛宮可以喻人之所造矣夫墻固乎宮而即以蔽夫宮人之所造亦徒是也宜乎貢為不知聖者譬乎若曰天下賢否之别其最善形者乎取一物以擬之而善形者若告以形矣究之所擬者亦善一定之形有藏其形於者內有著其形于外者就此或內或外亦善定形而要以本其中之所蘊含以成其外之所樹立則固昭然示人以可悟焉今之論者至賢賜（于夫子賜）闕其言而凡善以譬之也將欲明賜不賢而不賢之象若何將欲明乎賢而賢之象又若何將欲明賜不賢而人反稱賢之故若何將欲明乎賢而人反不稱賢之故又若何此其

故正言誠难喻也。罕譬或易明耳。譬則必其肖夫子者也。然使肖夫子而不克兼肖賜。而不克兼肖夫子。則夫子之殊于賜者不明。故遠譬之。不若近之也。分譬之。又不若合譬之也。其譬之宫墻乎。有宫而後有墻。非宫也。則墻為虛設矣。然吾聞古之言宫者。或曰閟宫有侐。或曰一畝之宫。夫非伉是宫也歟。哉何以同其類而殊其名也。因其棟宇。而絲以周垣。則墻之因宫分見者。猶有誠中形外之理矣。有墻而後成宫。非墻也。則宫亦無餘矣。然吾聞古之言墻者。或曰百堵皆興。或曰蕭然環堵。夫非伉是墻也歟。哉何以群相需而不相似也。繕完葺墻。以蔽其堂奥。則宫之即墻可覘者。自有表裡相因之致矣。無

則賜之殊于夫子者不明。即不明其肖賜者也。無從肖賜

譬之宮牆　馮暠

有牖其安宅者或并無宮撤其藩籬者或并無墻有宮有墻亦稍可自立矣然或分人之餘以成其有積數十年登〻憑〻之力始稍可異于穴居巢處之民遂謂天下之宮墻其盡于此乎世之身居廣厦者必自忘其宮厚其垣墉者必自忘其墻曰宮曰墻亦徇人名之耳乃氣愈斂者象亦愈昭亦自同于尋常編戶之儔而莫竟其攸芋攸寧之量誰謂天下之宮墻無妨一視乎是故同一宮墻也有時有墻等于無墻〻貿宮矣而墻不任咎也宮為主而墻為輔墻寔聽命于宮耳有宮時有宮等于無宮墻藏宮矣而宮亦不任咎也墻雖蔽而安宮自存宮原不絕人以墻耳取而譬之賜與夫子之賢否亦昭

然乎

宫墻是夫子與賜總處題位懸虛頗難着筆文却駕空而行而下文種種分別意無不攝入不見題位之偏仄但覺意致之靈奇令人手絕○將宫字墻字拆開播弄意境已極靈通奇處更在無意不混下文想出而只作本題波瀾無一筆侵溢是為神巧

錢世熹

譬之宮牆　之富

賢易見而聖難見：可罕暨而示也：夫室家豈無好：然其去美富遠矣：

可見不可見：彼宮牆不可譬：諭予肯告武叔急謂人之品量卑者易

測高者難窺易測則見其外而即見其內難窺則見其外而不見其

內見其內遂以為有焉不見其內遂以為無焉是以目所至之分為

人所至之分亦難以語天下之大觀遂賜與夫子之相懸豈有分數

可較哉今姑為之假象以明不有宮牆可譬乎人之有宮以蘊美也

宮之有牆以衛宮也宮廣則牆亦從而高宮淺則牆亦從而卑賜也

積累未深而樹立未峻其為牆也及肩而已及肩則令人以可窺而

不能絕人以不可窺其倚而觀者乃人之利而非賜之利也及肩

示人以可見而不能隱人以不可見其望而知者似賜之牆而窺見之不幸也此如草茅之子半畝為家環堵為室琴瑟在御亦云靜嘉要不過嫌其可視一覽而盡耳若乃夫子天縱植其基大成積其厚其墻豈獨夫及肩者耶庶幾遊帝王之家有墻數仞不可攀躋若是以擬之亦有是墻即有稱是墻者則宗廟之美百官之富在焉于是有望其墻而美若增其美富若增其富者數仞為之助也有望其墻而美若失其美富若失其富者數仞為之蔽也是非得其門不可得其門則入而見宗廟焉堂寢大其模丹堊煥其采豆籩祝敎燦其華美哉三代之制禮樂之道也且入而見百官焉師師就其列濟濟備其員翼翼若若趨其事富哉天子之廷冠裳之會也而小然者徘徊

于背側之間躑躅于根閫之外頃人不為之指向守者不為之啓闔則有瞻仰宗墉嘆其塊然已耳而欲覩帝王之法物觀帝子之朝儀豈可得哉已賜與夫子之高下尽此矣是故不覩宮闕不知闌闠之卑也不遇至人不知衆才之小也天下偉觀之覩惟見之始能識之惟至之始能見之立其外則亦外人而已外人者不足與于内事者也而曰其中無有鳴于其真無有耶

此不是反肩數仞絜量高低但分攤易見難見耳若硬取賜與夫子比較便覿面千里此只在窺見人自上着眼最為得解下節等脉絡隱湊

囂囂然曰我何以湯之聘幣為哉我豈若處畎畝之中由是以樂堯舜之道哉湯三使往聘之既而幡然改曰　辛巳

出處之無心也始可卻而既亦可改焉夫囂囂然數語尹之卻湯也至矣然而要以三聘何其能勿幡然改慮乎哉嘗謂古人之出處惟因乎時而已矣時可守則守其志甚量而後藏也天下不得病其迂時可變則變其志蓋迫而後起也天下不得議其跡此其實情乎始而動情于終未嘗偏執一見以自持者要皆不失其樂道之素湯之以幣聘尹也聘尹於此思夫帝之招而遂改從乎之則必翻然就道而應之惟恐不速矣則必欲然利見而赴之惟恐或蹉矣一時之議者莫不相與詡之謂彼非樂道中人乎胡一旦而幡然遽變若是之故既知尹之為尹固大異乎會榮

奉[illegible]者流也[illegible]見湯之需之也殷而尹之遇之也跡湯之求之也切而尹

之卻之也堅盡謂遊未有樂也其矣[illegible]切手[illegible]豈足以致其道諸之

真故寧[illegible]以終身而此志決不因是而概致[illegible]樂道[illegible]矣[illegible]

奉[illegible]豈足以致其道味之嗜故寧淡泊以沒世而此志斷不因是而輕

致囂囂然對使者有辭尹之意其殆長慮獻欲而必不可致者乎其殆深

視聘幣而必不容致者乎其殆惟此天下弗顧千駟弗視之見而終不欲

致若乎其殆惟此一介不與一介不取之操而終不敢致者乎允茲此湯

其如尹何然、而、湯、則、忽、之、矣以為尹雖遇我[illegible]跡而我之需尹也宜倍殷

尹雖卻我[illegible]堅而我之求尹也宜加切聘幣之來至再至三尹乎尹乎雖

士各有志亦易以相強也而要亦惡能默默已乎夫君子之于是也豈盡[illegible]

其聘幣云爾哉亦觀其意之誠否何如耳使其意之未誠也而遽且以相
就毋論厚禮也褻也即異日之勤獻哉有以知其不偉異其意之誠也而
仍介介以自持微特昔湯之望也而吾悒之懷抱自反亦覺其太拘[illegible]湯
之需尹甚殷矣而疏之其何忍湯之求尹甚切矣而卻之其何安豈向
之囂囂然者今且幡然矣向之囂囂然自得者今且幡然相告矣誰猶曰
何以聘幣為耶誰猶曰豈若處畎畝之中由是以樂堯舜之道也耶要其始
之囂囂然也時之可以囂囂然也非矯也終之幡然也時之可以幡然也
非倖也當今斯真謂之樂道斯乃所以為尹也歟

鑿斯池也築斯城也

謀滕而先及地利、實壙實鑿而已、蓋池與城、皆所以衛国也、鑿之築之、非滕今日之所當先者哉、孟子之為滕謀也、曰、先王申畫郊圻而設險以衛其国、外以禦暴彊之謀、内以為保障之助也、故金湯之勝、雖亦未可深恃、而正不得恃之、而不備焉、然則吾之所及謀者、其首在城與池乎、承叔繡之先壤、其為池也有幾、既不若憑依漢水、足以爭霸中原、又不若賜履西河、足以誇雄東岱、吾恐国于秋、臨一如曾溝之三刻可踰也、撫蕞爾之偏隅、其為城也、又有數、既不若爽鳩故址、足以也[illegible]墨、又不若方城舊封、足以

示南仲之強大吾恐小而才　之　作陽之七日可克也而況不
鑿矣蓋池不深則其勢不險設一旦疆埸有警將長驅而飲馬并不
不必濟河以楚舟當此胥濟之餘而悼歎於池之不深也晚矣而
且不築乎蓋城不高則其威不壯設一旦戎釁生郊將先登而取
旂并不煩啓門以懸布當此胥突之時而悔恨於城之不高也遲矣鑿
之哉雖不能闢國百里使蹴濡之功南接于南漢陽東暨于汶水
與齊楚爭此山谿之險也而即斯池以觀為之濬其源暢其流決
排其壅塞所謂無飲我泉我泉我池者恃此鑿也已築之哉雖不
能大啟爾宇宙使版築之功效尤于九齡蚕食于山東以與齊楚

此壁壘之雄也而即斯城以觀為之議遠邈略基址稱畚揭丕
土物所謂中五之一小九之一者恃此築也已国已瘦于奔命而
復以深溝高壘勞我農人似非救敝扶衰之策然天下競言地利
矣舍此池與城將何恃以不恐乎況公旬三日力役創有常征
亦何必以大役難興而致疑于徵召賦已盡于悉索而徒以扼關
修脩啓釁鄰封似非伏信事大之謀然數人獲焉思啓矣非此焉
與築勝將何術以自全乎況重關待暴明主不廢隄防亦何必泆
小国難存而坐弛乎經緯蓋有比城與池而民乃可守矣

鬱陶思君爾

述思兄之情若有難自已者焉夫曰鬱陶則思之甚矣象若曰悠悠我思惟君之故耳其言曰幸哉今日之見君也今日而不見君弟幾無以自解矣而君亦知今日見君之故乎蓋湫湫乎懷屬之君者固已蓄極而難通也矣以君高處深宮凡疑弟以漠無相關之念而弟勤隨膝下實惟君以不忘寤寐之餘完廩之後弟則思矣思之而無以為君計徒抱念而已矣且思之而未得奏塤篪之雅也徒積想而已矣君試思自完廩以迄今日弟之所為抱念而積想者其得伸乎其不得伸而謂今日敢憚行乎浚井之役弟又思矣思之而無以為君

乎

至山閣

救也徒愴懷而已矣且思之而未得睽手足之歡也徒永睠而已矣君試思自浚井以至于今弟之所為愴懷而永睠者其能達乎其不能達乎而謂今日不一見乎因思君而並思君之牛羊誰代君以畜牧思君之倉廩誰為君以筦鑰因人及物微君之故胡為乎使我不能歸兮因思君而又思君之干戈君其何如之稱比思君之琴弦君其何如之篤心因此及彼微君之故胡為乎使我不能息肩也心因思君而遂思君之二嫂其能為君之內助乎中懷百結患及君而交集于隱微因思君而復思君之宮室其能造君之居處乎精神畢注一思君而並動其懷懷抱如飢如渴之情不獲遂心藏心篤之私有

既覯既見之樂乃得然則悅則懌之頤藉非然者鬱陶之思烏能自
已於君哉
做第一路思想許多抱伸正欲入宮紆取忽然見
聲耳翻轉從來以見思見之甚辨見之有
者都思到此實情實境能僅撤演息
務為本地風光如因和二生於課相筆成
此二者不知也此年墨夏望前百法

國家圖書館出版品預行編目資料

明清科考墨卷集 (共三十九冊) / 林祖藻 主編 --初版--
臺北市：蘭臺出版社：2014.5
ISBN：978-986-6231-78-0（全套：精裝）
1.科舉 2.古籍 3.文物修復
573.441 102022658

明清科考墨卷集 (共三十九冊)

顧　　問：林念生
主　　編：林祖藻
副 主 編：林祖岩
編輯委員：林元盛、林念生、林祖岩、林祖藻、林 煒、翁金珍
美　　編：林育雯、黃慧怡、謝杰融、鄭荷婷、賴鴻慶、康美珠
封面設計：諶家玲
總 編 審：陳慶元
執行編輯：張加君、張珮蓉、郭鎧銘
出 版 者：蘭臺出版社
發　　行：博客思出版社
地　　址：台北市中正區重慶南路1段121號8樓14
電　　話：(02)2331-1675或(02)2331-1691
傳　　真：(02)2382-6225
E—MAIL：books5w@gmail.com
網路書店：http://bookstv.com.tw/
http://store.pchome.com.tw/yesbooks/
博客來網路書店、博客思網路書店、華文網路書店、三民書局
總 經 銷：成信文化事業股份有限公司
劃撥戶名：蘭臺出版社 帳號：18995335
香港代理：香港聯合零售有限公司
地　　址：香港新界大蒲汀麗路36號中華商務印刷大樓
C&C Building, 36,Ting, Lai, Road, Tai,Po, New,Territories
電　　話：(852)2150-2100　傳真：(852)2356-0735
總 經 銷：廈門外圖集團有限公司
地　　址：廈門市湖裡區悦華路8號4樓
電　　話：86-592-2230177
傳　　真：86-592-5365089
出版日期：中華民國103年5月 初版
定　　價：新臺幣二十萬元整（全套：精裝）
ISBN：978-986-6231-78-0